図解 図解でわかる

介護保険・サービス

小林哲也

中央法規

はじめに

　2000年に始まった介護保険制度は、創設から四半世紀を迎えようとしています。日頃から、ホームヘルプやデイサービスの送迎車を見かけることも多くなり、介護保険サービスが身近なものになったと実感しています。また、現在の大学生は、生まれたときから介護保険制度があり、介護保険サービスがあることが当たり前で、以前の措置制度の話をするとにわかには信じられないようです。

　さて、制度を取り巻く現状に目を向けると、現在進行形で、団塊の世代が75歳以上の後期高齢者となって起こる「2025年問題」の渦中にあり、さらには、団塊の世代の子どもたちが65歳以上となり、高齢者数が最大となって起こる「2040年問題」など、高齢者の増加によって起こる問題（社会問題）が目下の課題となっています。人は、誰もが老いて、身体機能や精神機能に変化を来たし、その多くが介護を必要とすることになります。つまり、今後、高齢者の増加に伴って、ますます介護保険サービスの需要が高まっていくということです。

　そこで本書は、これから介護保険サービスを必要とする、あるいは実際に利用している本人や家族にも役立ててもらえるよう、介護保険サービスの内容や使い方をわかりやすい文章で説明することを心がけました。また、介護保険を学ぶ学生や専門職の学習に役立つよう、介護保険制度に限らず、関連する高齢者福祉の歴史、高齢者に関する法制度、高齢者の生活を支える諸制度を詳しく解説している点も本書の特徴です。

　本書が皆さまの理解の一助になれば幸いです。最後に、編集作業を担当された中央法規出版第一編集部の中村強氏、図解およびイラスト案を担当された望月汐里氏、わかりやすいイラストを描いてくださった大野文彰氏に感謝申し上げます。

2024年8月

小林哲也

図解でわかる介護保険サービス　目次

はじめに

第 1 章 高齢者を支援する際、まず知っておきたいこと

01 高齢者って？ ⋯⋯ 2

02 支援を要する高齢者の身体的特徴 ⋯⋯ 4

03 支援を要する高齢者の精神的心理的特徴 ⋯⋯ 6

04 支援を要する高齢者の社会的特徴①経済・就労 ⋯⋯ 8

05 支援を要する高齢者の社会的特徴②家族・住宅 ⋯⋯ 10

06 支援を要する高齢者の社会的特徴③医療・介護 ⋯⋯ 12

07 高齢者支援の変遷①戦後―1960年代 ⋯⋯ 14

08 高齢者支援の変遷②1970―1980年代 ⋯⋯ 16

09 高齢者支援の変遷③介護問題の顕在化（1990年代） ⋯⋯ 18

10 高齢者支援の変遷④介護の社会化に向けて（1990年代） ⋯⋯ 20

11 高齢者支援の変遷⑤介護保険制度の創設（1990年代） ⋯⋯ 22

12 地域包括ケアシステム ⋯⋯ 24

13 認知症施策 ⋯⋯ 26

14 地域共生社会 ⋯⋯ 28

15 介護をめぐる現代の問題①ダブルケア・ヤングケアラー ⋯⋯ 30

16 介護をめぐる現代の問題②8050問題・65歳の壁 …… 32

17 2040年問題①少子高齢化の進展 …… 34

18 2040年問題②地域差 …… 36

19 介護保険制度の課題①財源不足 …… 38

20 介護保険制度の課題②介護人材不足・外国人介護人材の受け入れ …… 40

21 介護保険制度の課題③介護人材不足・テクノロジー(介護ロボット・ICT)の活用 …… 42

第2章 高齢者の保健・医療・福祉に関する法制度

01 老人福祉法 …… 46

02 医療法 …… 48

03 高齢者医療確保法 …… 50

04 高齢者住まい法 …… 52

05 高齢者虐待防止法 …… 54

第 3 章 介護保険法と介護サービス

- 01 介護保険制度の変遷①2000年の制度創設・2005年の改正 58
- 02 介護保険制度の変遷②2008年の改正・2011年の改正 60
- 03 介護保険制度の変遷③2014年の改正・2017年の改正 62
- 04 介護保険制度の変遷④2020年の改正・2023年の改正 64
- 05 介護保険制度の財源 66
- 06 保険者 68
- 07 被保険者 70
- 08 保険給付と地域支援事業の全体像 72
- 09 介護保険サービスの利用方法の全体像 74
- 10 要介護(要支援)認定 76
- 11 ケアプラン 78
- 12 介護給付と予防給付 80
- 13 居宅サービス①訪問介護・訪問入浴介護 82
- 14 居宅サービス②訪問看護・居宅療養管理指導 84
- 15 居宅サービス③訪問リハビリテーション・通所リハビリテーション 86
- 16 居宅サービス④通所介護・療養通所介護・地域密着型通所介護 88
- 17 居宅サービス⑤短期入所生活介護・短期入所療養介護 90
- 18 居宅サービス⑥特定施設入居者生活介護 92
- 19 居宅サービス⑦福祉用具貸与・特定福祉用具販売 94

20 居宅サービス⑧住宅改修 …… 96

21 居宅サービス⑨共生型サービス …… 98

22 施設サービス①介護老人福祉施設・地域密着型介護老人福祉施設 …… 100

23 施設サービス②介護老人保健施設 …… 102

24 施設サービス③介護医療院 …… 104

25 地域密着型サービス①
小規模多機能型居宅介護・看護小規模多機能型居宅介護 …… 106

26 地域密着型サービス②
定期巡回・随時対応型訪問介護看護・夜間対応型訪問介護 …… 108

27 地域密着型サービス③
認知症対応型共同生活介護・認知症対応型通所介護 …… 110

28 介護予防・日常生活支援総合事業①事業の概要 …… 112

29 介護予防・日常生活支援総合事業②訪問型サービス・通所型サービス …… 114

30 介護予防・日常生活支援総合事業③その他の生活支援サービス等 …… 116

31 包括的支援事業①地域包括支援センターの運営事業 …… 118

32 包括的支援事業②社会保障充実分 …… 120

33 任意事業 …… 122

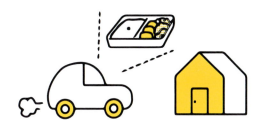

第 4 章 介護保険サービスの使い方と費用負担

- 01 介護保険制度の対象者・被保険者証 …… 126
- 02 介護保険料 …… 128
- 03 地域包括支援センターと居宅介護支援事業所 …… 130
- 04 要介護(要支援)認定のしくみと手順①認定調査 …… 132
- 05 要介護(要支援)認定のしくみと手順②実施・通知 …… 134
- 06 ケアマネジメント①プロセスの概要 …… 136
- 07 ケアマネジメント②プロセスの実施とPDCA …… 138
- 08 介護予防ケアマネジメント …… 140
- 09 サービス事業者等との契約 …… 142
- 10 利用者の費用負担 …… 144
- 11 利用者負担の軽減制度 …… 146
- 12 介護報酬 …… 148
- 13 他法との給付調整①医療保険 …… 150
- 14 他法との給付調整②障害者総合支援法 …… 152
- 15 他法との給付調整③生活保護法 …… 154
- 16 介護サービス情報公表制度 …… 156
- 17 不服申し立て・苦情相談 …… 158

第 5 章　介護保険サービスの実践事例

01　事例①：認知症のある人への支援 …… 162

02　事例②：脳血管疾患がある人への支援 …… 166

03　事例③：フレイル状態にある人への支援 …… 170

04　事例④：8050問題を抱える家族への支援 …… 174

第 6 章　高齢者の生活を支える制度と社会資源

01　成年後見制度 …… 180

02　日常生活自立支援事業 …… 182

03　財産管理委任契約・死後事務委任契約 …… 184

04　障害者総合支援制度 …… 186

05　生活困窮者自立支援制度 …… 188

06　生活福祉資金貸付制度 …… 190

07　生活保護制度 …… 192

08　民生・児童委員制度 …… 194

09　居住支援・住宅セーフティネット制度 …… 196

10 ごみ出し支援事業 …… 198
11 消費生活相談 …… 200
12 公的年金制度 …… 202
13 高年齢者雇用安定法・シルバー人材センター …… 204
14 バリアフリー法 …… 206
15 認知症サポーター …… 208
16 認知症カフェ …… 210
17 「通いの場」 …… 212
18 在宅生活を支える医療（在支診・在支病等） …… 214
19 災害時の対応 …… 216

索引／著者紹介

第 1 章

高齢者を支援する際、まず知っておきたいこと

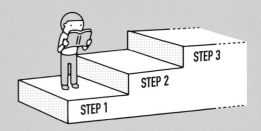

01 高齢者って？

▶ 高齢者に対するイメージ

　高齢者と聞いてどのようなイメージが湧くでしょうか。それは、例えば、心身が衰えている、健康面での不安が多い、収入が少ない、頑固である、孤独であるというマイナスのイメージから、温厚である、優しい、自由な時間が多くなる、人生経験や知恵が豊かであるというプラスのイメージまで、人によってさまざまでしょう。実は、高齢者に対するイメージは、国や地域によっても異なりますし、時代や年齢よっても異なるのです。また、身近な高齢者の存在によっても異なってきます。

　一般的には、日本人は高齢者に対して、諸外国と比較するとマイナスのイメージを抱きやすいといわれています。

▶「高齢者」の定義

　続いて「高齢者」が統計調査や法律においてどのように定義されているかをみていきます。日本において最も重要な統計調査である「**国勢調査**」では、「**高齢者人口**」を65歳以上の者としています。しかし、時代によって高齢者の定義は異なり、今から60年前の1965年までの国勢調査では、「**老年人口**」を60歳以上の者としていました。

　法律をみてみると、明確に高齢者を定義している法律としては**高齢者虐待防止法**があげられ、「この法律において『高齢者』とは、65歳以上の者をいう」（第2条）と定義しています。では、介護保険サービスを規定している**介護保険法**では、高齢者をどのように定義しているでしょうか？　法をみると、高齢者を明確に定義している条文はありません。ただし、介護保険サービスの利用の中心となる第1号被保険者を65歳以上の者として規定しています。

高齢者のイメージと定義 図

高齢者のイメージ

プラスのイメージ

知識が豊富 　自由な時間が多い

マイナスのイメージ

頑固 　衰え

高齢者の定義

国勢調査	1965年まで　老年人口：60歳以上
	現在　高齢者人口：65歳以上
高齢者虐待防止法	高齢者：65歳以上
介護保険法	第1号被保険者：65歳以上

現在、政府は高齢者の定義を5歳引き上げて70歳にする議論を進めている

統計方法や法律によって名称や定義はさまざまですね。

01 高齢者って？　3

02 支援を要する高齢者の身体的特徴

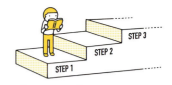

🟡 高齢期に伴う老化と身体機能低下

　人は、高齢期になると必ず老化に伴い身体機能が低下します。老化とは、加齢により身体の器官を構成している細胞数の減少や機能が低下することによって、筋力をはじめとした心臓などの各器官の生理的機能が低下することです。これを「**生理的老化**」といいます。老化には、生理的老化のほかに「**病的老化**」があります。

　生理的老化は、加齢に伴い誰にでも起こる老化であるのに対して、病的老化は、生理的老化により起こる病気やけがなどによって進行する老化のことをいいます。老化は、生まれもった**遺伝的要因**にも左右されますが、生活環境や生活習慣などの**環境的要因**の影響によっても進み方が異なり、個人差がみられます。

🟡 高齢者の外見や内面の身体的特徴

　老化に伴う高齢者の身体的特徴として、外見では皮膚に変化が起こり、しみ、しわの増加やたるみが出てきます。頭髪は、抜けるようになり、白くなることもあります。姿勢は、筋力の低下により前傾姿勢になりやすく、転倒しやすくなります。また、身体は身長の低下や体重の減少などがみられます。身体の内面では、器官を構成している細胞数の減少や機能低下により、各器官に変化がみられます。例えば、骨や筋肉などの運動器系では、骨密度の低下や筋肉量の減少などが起こり、心臓や血管などの循環器系では、心臓の肥大化や動脈硬化などが起こります。さらに、聴覚や視覚などの感覚器系では、聴覚で高音域が聞き取りにくくなり、視覚も視力低下や視野狭窄などが起こります。

　このように高齢期は、加齢によって、さまざまな器官で機能低下が生じ、骨折、動脈硬化、難聴、白内障、緑内障などの病気を引き起こしやすくなります。

高齢者の身体的特徴 図

老化

生理的老化

各器官の生理機能が低下すること

加齢に伴って誰にでも起こる

 →

病的老化

生理的老化によって起こる病気・けがから進行するもの

高齢者の外見・内面の身体的特徴

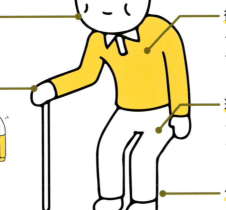

頭髪
- 抜ける
- 白くなる

皮膚
- しみ、しわが増える
- たるみが出る

姿勢
- 筋力の低下から前傾になる
  →転倒しやすい

感覚器系
- 視力が低下する
- 高音域が聞こえにくい

循環器系
- 心臓が肥大化する
- 血管の内壁が狭くなる

運動器系
- 骨密度が低下する
- 筋肉量が減少する

体重減少

02 支援を要する高齢者の身体的特徴

03 支援を要する高齢者の精神的心理的特徴

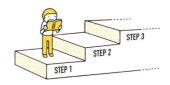

▶ 精神機能の老化

　人間の精神機能には、**知能**、**記憶**、**感情**、**意欲**などがあり、脳によって制御されています。高齢期になると脳の萎縮や神経伝達物質の減少などにより、脳によって制御されている精神機能に変化が生じます。例えば、知能については、新しい情報を処理していく**流動性知能**と過去の経験から獲得していく**結晶性知能**がありますが、流動性知能は、20歳代をピークに高齢期に急激に衰えていくのに対して、結晶性知能は、60歳代まで上昇し続けて高齢期になっても急激に衰えることがなく80歳代でも20歳代の能力が維持されていきます。記憶については、高齢期になると新しいことを覚えることが難しくなり、もの忘れが多くなります。これは、情報を覚える記銘力や情報を思い出す想起力が低下したことによって起こります。

▶ 高齢者の心理的特徴

　高齢期になると加齢に伴い心理的な面でも変化がみられます。精神機能の一つとなる感情については、喜怒哀楽などの感情の表出で変化がみられます。例えば、頑固になりやすく**自分中心**に物事を考える傾向が強くなります。身体機能の低下により自分自身の健康が損なわれ、病気を患うことで死に対して不安を感じやすくなり、家族や友人の死など周囲の人々がいなくなることで**孤立感**や**孤独感**を感じやすくなります。

　また、意欲については、高齢期にさまざまな喪失を体験することで低下していきます。例えば、退職による社会的地位の喪失、配偶者や友人などとの死別、今までできたことができなくなるなどの喪失を体験することによって、周囲に対する関心が弱まり、物事への興味も減退していきます。

高齢者の精神的心理的特徴　図

知能

流動性知能

- 新しい情報を処理していく
- 20歳代をピークに高齢期に急激に衰える

結晶性知能

- 過去の経験から獲得していく
- 60歳代まで上昇 80歳代でも20歳代の能力を維持

記憶

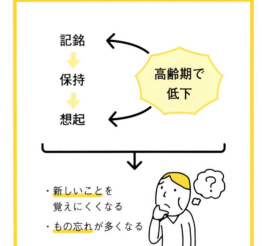

記銘 → 保持 → 想起　高齢期で低下

- 新しいことを覚えにくくなる
- もの忘れが多くなる

感情

- ☑ 頑固になりやすく自己中心的に考える
- ☑ 病気などにより死に対して不安を感じる
- ☑ 家族や友人の死 → 孤立感・孤独感

意欲

さまざまな喪失により低下

退職	死別

できないことが増える	

03　支援を要する高齢者の精神的心理的特徴

04 支援を要する高齢者の社会的特徴① 経済・就労

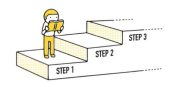

▶ 高齢者の経済状況

「2022年国民生活基礎調査」によると、2021（令和3）年の**平均所得金額**は、高齢者世帯以外の世帯の平均所得が665万円であったのに対し、高齢者世帯の平均所得は318.3万円でした。つまり、高齢者世帯の平均所得は、高齢者世帯以外の世帯の半分以下ということです。所得の種類別構成割合をみると、高齢者世帯以外の世帯では、個人が働いて得る「**稼働所得**」が85.3％（567万円）、一定の所得を保障する「**公的年金・恩給**」が9.4％（62.5万円）の順となっています。それに対し、高齢者世帯では、「公的年金・恩給」が62.8％（199.9万円）、「稼働所得」が25.2％（80.3万円）の順となっています。高齢者世帯の所得の多くは、公的年金や恩給となっており、==所得のすべてが公的年金や恩給である世帯も44.0％==にのぼります。

▶ 高齢者の就労状況

「労働力調査」をみてみると、2023（令和5）年の65歳以上の就業者数は、約914万人となっています。この数は年々増加傾向にあり、1980（昭和55）年の約275万人に対して3倍以上の数となっています。就業率をみると、65歳以上の就業率は25.2％となり、65歳以上の4分の1は仕事に就いていることになります。性別でみると、男性では34.0％、女性では18.5％となっており、男性の就業率が高くなっています。年齢別でみると、65歳〜69歳では52.0％となり、半数以上が仕事に就いており、70歳〜74歳では34.0％となり、3割以上が仕事に就いています。75歳以上でも11.4％と10人に1人は仕事に就いています。しかし、雇用形態別にみると、65歳以上の正規雇用は23.2％、非正規雇用は76.8％と非正規雇用の割合が高いのが現状です。

高齢者の経済・就労の状況　図

高齢者の経済状況

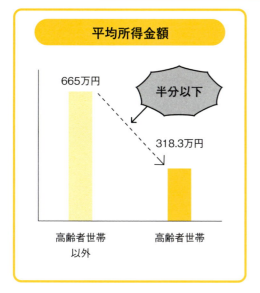

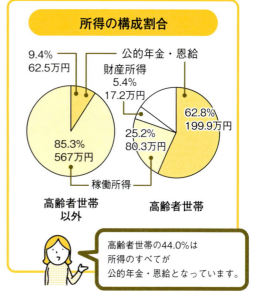

高齢者世帯の44.0%は所得のすべてが公的年金・恩給となっています。

高齢者の就労状況

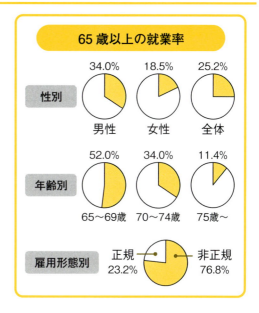

04　支援を要する高齢者の社会的特徴①　経済・就労

05

支援を要する高齢者の社会的特徴② 家族・住宅

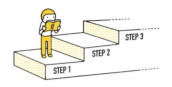

▶ 高齢者の家族状況

　「2022年国民生活基礎調査」によると、2022（令和4）年の65歳以上の者のいる世帯数は2747.4万世帯となり、全世帯に対する割合は50.6％となりました。つまり、<mark>全世帯の半数以上の世帯において65歳以上の者がいる</mark>ことになります。65歳以上の者のいる世帯を世帯構造でみると、1986（昭和61）年は三世代世帯が44.8％と最も多く、1998（平成10）年頃までは三世代世帯が多くみられました。しかし、2001（平成13）年に夫婦のみ世帯が最も多くなり、2022（令和4）年は、夫婦のみ世帯が最も高く32.3％、次に単独世帯が31.8％となっており、三世代世帯は7.1％と1割弱になっています。夫婦のみ世帯と単独世帯を合わせると半数以上となりますが、これらの世帯は、身近に頼ることができる家族がほとんどいないことから、<mark>社会的孤立に陥りやすく、介護が必要となった場合などに家族からのサポートを受けにくい</mark>ということが課題となります。

▶ 高齢者の住宅状況

　高齢者の住宅状況は「平成30年住宅・土地統計調査」によれば、2018（平成30）年の65歳以上の者のいる世帯では、持家の世帯が1848.9万世帯で82.1％、借家の世帯が400.9万世帯で17.8％となっています。全世帯における持家率が61.2％であることから、高齢者の持家率は、非常に高いことがわかります。しかし、65歳以上の者のいる世帯のうち、単独世帯では、持家の世帯が422.5万世帯で66.2％、借家の世帯が213.7万世帯で33.5％となり、3人に1人が借家で持家率が低い状況となります。借家の場合、家賃の負担など経済面での不安が残ることや、単独世帯の高齢者の場合、健康面への不安から家主に賃貸契約を拒まれることなどが課題となります。

高齢者の家族と住宅の状況　図

高齢者の家族状況

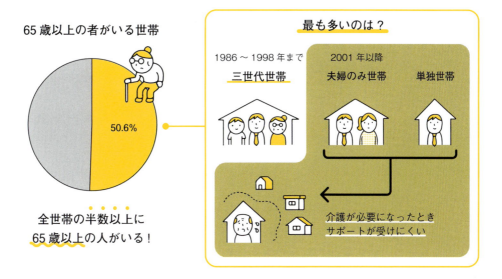

高齢者の住宅状況

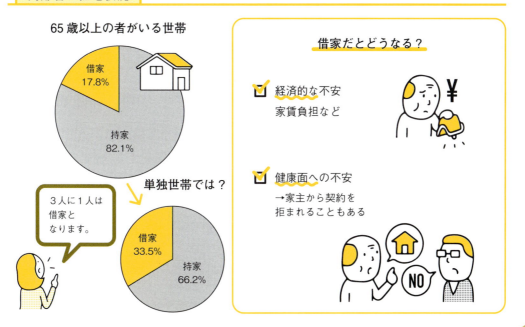

05　支援を要する高齢者の社会的特徴②　家族・住宅

06

支援を要する高齢者の社会的特徴③ 医療・介護

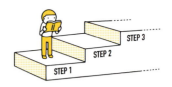

▶ 高齢者の医療状況

　高齢者の医療状況について、「2022年国民生活基礎調査」によると、2022（令和4）年の病気やけがなどの自覚症状がある有訴者は、人口千人当たり、全体で276.5となっています。この割合が65歳以上になると418.2、75歳以上となると474.6となり、==年齢が高くなるほど有訴者は上昇==していきます。また、男女比でみると、有訴者は女性のほうが男性よりも高くなります。次に、傷病などで通院している通院者の数は、人口千人当たり、全体で417.3となっています。この割合が、65歳以上になると696.4、75歳以上になると729.2となり、==年齢が高くなるほど通院者の数は増えていく==ことがわかります。また、男女比でみると、通院者は男性のほうが女性よりも多くなっています。

▶ 高齢者の介護状況

　高齢者の介護状況について「令和3年度介護保険事業状況報告年報」によると、介護を必要する要介護（要支援）認定者数は、2021（令和3）年度末で686.9万人となっており、そのうち65歳以上となる第1号被保険者は、676.6万人となっています。年齢階層でみると、65歳以上70歳未満の人が21.3万人（男性11.7万人、女性9.7万人）、70歳以上75歳未満が54万人（男性26.4万人、女性27.6万人）、75歳以上80歳未満が82万人（男性32.7万人、女性49.3万人）、80歳以上85歳未満が143.6万人（男性47.9万人、女性95.7万人）、85歳以上90歳未満が185.2万人（男性52.4万人、女性132.8万人）、90歳以上が190.6万人（男性40.4万人、女性150.2万人）となっており、==年齢が上がるにつれて介護を必要とする高齢者は増えていく==ことがわかります。また、==男女比で見ると女性のほうが男性よりも介護を必要とする==高齢者が多くなっています。

高齢者の医療と介護の状況

高齢者の医療状況

人口1000人 あたりの割合	全体	65歳以上	75歳以上	男女比
病気やけがなど自覚症状のある有訴者	276.5	418.2	474.6	女性 ＞ 男性
傷病などで通院している人	417.3	696.4	729.2	男性 ＞ 女性

高齢者の介護の状況

介護を必要とする要介護（要支援）認定者数

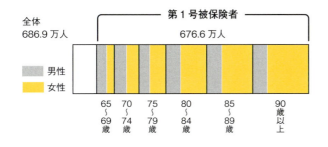

全体 686.9万人
第1号被保険者 676.6万人
男性／女性
65〜69歳／70〜74歳／75〜79歳／80〜84歳／85〜89歳／90歳以上

Point
- 年齢が上がるにつれて介護が必要な人が増える
- 女性のほうが男性よりも介護が必要な人が多い

06 支援を要する高齢者の社会的特徴③　医療・介護

07

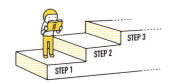

高齢者支援の変遷①
戦後―1960年代

▶ 戦後の高齢者支援の変遷

　戦後の高齢者支援は、すべての高齢者を対象とした支援施策はなく、貧しい高齢者を対象とした、生活保護法（1950（昭和25）年）による**養老施設**があるだけでした。その後、老後への不安や老後の問題に関心を寄せる高齢者が集まり、孤独の解消ややすらぎの場として**老人クラブ**が設立され、1954（昭和29）年には全国で112か所も設立されました。また、1956（昭和31）年に長野県上田市、1958（昭和33）年に大阪市においてホームヘルパーの前身となる**老人家庭奉仕員**の活動が始められました。

　さらに、高齢期に起こる医療の問題や生活のための金銭面の問題への対応策として、1958（昭和33）年には現行の**国民健康保険法**が成立し、1959（昭和34）年には**国民年金法**が成立しました。これらの法律により、高齢者を含むすべての国民が医療保険と年金保険に加入する国民皆保険・皆年金が実現しました。

▶ 1960年代の高齢者支援の変遷

　1960年代に入ると本格的な高齢者支援が始まることになります。その根拠となったのが1963（昭和38）年に成立した「老人福祉法」です。老人福祉法によりすべての高齢者を対象とした支援施策が始まりました。例えば、従来の養老施設は、環境上もしくは経済上の理由により入所する**養護老人ホーム**となり、高齢者の介護に対応する**特別養護老人ホーム**、契約による安価な入所施設として**軽費老人ホーム**など三つの入所施設が法定化されました。また、老人クラブや老人家庭奉仕員も法定化されています。老人家庭奉仕員は、すべての高齢者が対象ではなく、生活保護世帯（のちに低所得世帯まで拡大）であることが利用条件とされていました。

戦後から1960年代の高齢者支援

年	内容
1950年〜1954年	生活保護法による**養老施設** その後、**老人クラブ**が設立 →全国で112か所設置！ ・貧しい高齢者のみ ・孤独の解消 安らぎの場になる 全国各地で次々に結成された
1956年	老人家庭奉仕員の活動が開始される ホームヘルパーの前身
1958年	国民健康保険法が成立 すべての国民が医療保険・年金保険に加入する！
1959年	国民年金法が成立 →**国民皆保険・皆年金**が実現 （1961年実施）
1963年	老人福祉法が成立 →すべての高齢者を対象とした支援施策が始まる **養護老人ホーム**：環境・経済上の理由で入所（従来の養老施設） **特別養護老人ホーム**：高齢者の介護に対応する **軽費老人ホーム**：契約による安価な入所施設 ・**老人クラブ**や老人家庭奉仕員が法定化 ・有料老人ホームの規定が設けられる ・**老人の日**の制定

07 高齢者支援の変遷① 戦後—1960年代

08

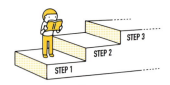

高齢者支援の変遷②
1970—1980年代

▶ 1970年代の高齢者支援の変遷

　1970年代に入ると、老人福祉法を基にして、社会福祉施設の整備や高齢者の医療に対する取り組みが行われるようになります。まず、不足していた特別養護老人ホームなどの施設を整備するために1970（昭和45）年に「**社会福祉施設緊急整備5か年計画**」が策定され、翌年から5年間かけて施設の量的な拡充が行われました。

　また、医療の問題は傷病を負いやすい高齢者にとって深刻な課題であり、国民全員が医療保険に加入する皆保険を実現しましたが、自己負担分が大きく十分な医療を受けることができませんでした。そのため、老人福祉法を改正し、1973（昭和48）年に「**老人医療費支給制度**」を創設して**70歳以上の医療保険の自己負担分を無料**にしました。しかし、老人医療費による財政負担が大きくなり、見直しを迫られることになります。

▶ 1980年代の高齢者支援の変遷

　1980年代に入ると老人医療費支給制度の見直しが図られます。1982（昭和57）年に「**老人保健法**」が成立し、**70歳以上の老人医療は、老人保健制度によって運営**されることになりました。この老人保健制度の導入により、高齢者に対して、1か月あたりの定額制による自己負担が求められるようになりました。また、老人医療費の負担について、公費とともに各医療保険からも費用を負担する拠出制によって支えるしくみが設けられました。さらに、1980年代は、入院治療の必要性が低い高齢者が退院できずに長期入院する「**社会的入院**」が顕在化しました。この問題に対して1986（昭和61）年に**老人保健法が改正され、病院と家庭あるいは病院と施設をつなげる中間施設として老人保健施設**が創設されました。

1970から1980年代の高齢者支援 図

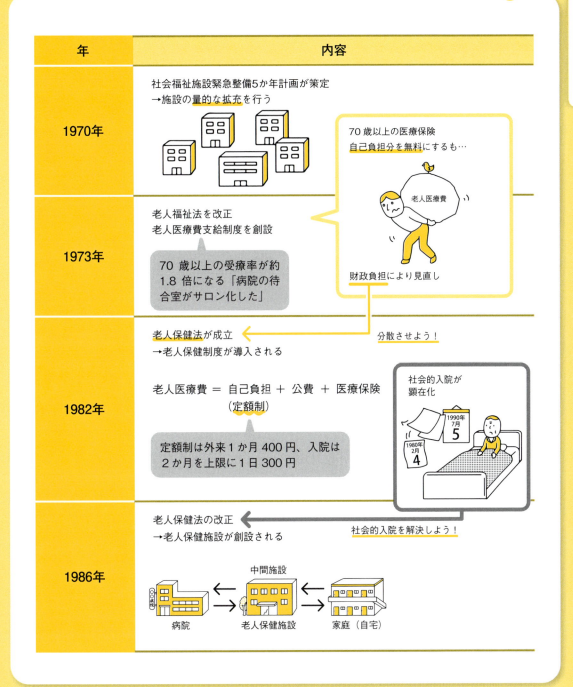

08 高齢者支援の変遷② 1970—1980年代

09

高齢者支援の変遷③
介護問題の顕在化（1990年代）

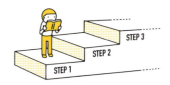

▶ 介護問題の顕在化

　高齢者の介護の必要性が高まったのは、1970年代のことです。全国の特別養護老人ホームの定員数が養護老人ホームの定員数を上回り、市町村を実施主体とした国の補助事業として1978（昭和53）年に**寝たきり老人短期保護事業（ショートステイ）**、1979（昭和54）年に**デイサービス事業**と**在宅介護サービス**が創設されました。

　1985（昭和61）年に高齢化率10％を超え、介護が必要な高齢者が増えることに伴い、本格的な介護問題の対策が求められるようになります。1985（昭和61）年に内閣に**長寿社会対策関係閣僚会議**が設置され、翌年4月に「**高齢者社会対策企画推進本部報告**」において高齢者社会対策の基本的方向や基本原則が示されました。さらに6月に「**長寿社会対策大綱**」が閣議決定され、長寿社会対策の基本方針が示されることになりました。

▶ ゴールドプランと新ゴールドプラン

　長寿社会対策大綱を受けて、1989（平成元）年に高齢者の介護の基盤を整備するために「**高齢者保健福祉推進十か年戦略（ゴールドプラン）**」が策定されました。この計画は、同年に導入された消費税を財源に、1999（平成11）年までの10年間に施設と在宅の介護サービスを整備するために、具体的な数値目標が示されました。翌年、「**老人福祉法等の一部を改正する法律（福祉関係八法改正）**」が公布され、全国の市町村や都道府県に介護ニーズ等を調査させる老人保健福祉計画の策定を義務づけました。この計画により、全国の介護の現状とニーズが明らかになると、国が想定していたよりも介護ニーズの増大が明らかとなり、ゴールドプランの見直しが迫られ、1994（平成6）年に「**新・高齢者保健福祉推進十か年戦略（新ゴールドプラン）**」が策定されました。

介護問題の顕在化　図

年	社会の流れ	高齢者支援
1979年	**介護が必要** 特別養護老人ホームの定員数　＞　養護老人ホームの定員数	・ショートステイ ・デイサービス　1978年に一足早く創設 ・在宅介護サービス を創設
1985年	高齢化率が10%を超える 長寿社会対策関係閣僚会議を設置	介護問題の本格的な対策が求められるようになる
1986年	「高齢者社会対策企画推進本部報告」 →当時を長寿社会の過渡期と位置づけ、高齢者対策の基本原則を示す	長寿社会対策大綱 →本格的な高齢社会の到来に備え、人生80年時代にふさわしい経済社会システムの構築を図る
1989年	消費税導入　　　財源にする	ゴールドプランの策定 施設と在宅の介護サービスを整備
1990年	福祉関係八法改正	老人保健福祉計画の策定 →想定よりも介護ニーズが多いことが明らかになる ゴールドプランの見直し
1994年		新ゴールドプランの策定

09　高齢者支援の変遷③　介護問題の顕在化（1990年代）

10

高齢者支援の変遷④
介護の社会化に向けて（1990年代）

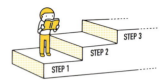

▶ 介護の社会化に向けて

　1990年代は、新旧のゴールドプランの策定などにより介護サービスの基盤の整備が進められました。しかし、急速に進む高齢化により介護が必要な高齢者が予想以上に増大し、さらに、それまで介護を担ってきた家族は、核家族化の進行により介護機能の低下が顕著となりました。そのため、それまで家族が中心になって担ってきた介護から、**社会によって介護を担う「介護の社会化」への転換**が求められるようになります。しかし、当時の介護サービスは、行政がサービスの提供と廃止を決める**措置制度**で行われており、利用者負担も応能負担であったため、中高所得者には利用しにくいものでした。そのため、社会全体で介護が必要な人を支えるしくみとして社会保険方式を用いた介護サービスの提供、つまり介護保険制度の創設が求められるようになりました。

▶ 介護保険制度の創設の検討

　1994（平成6）年3月に出された「21世紀福祉ビジョン―少子・高齢社会に向けて」（高齢社会福祉ビジョン懇談会）という報告書のなかで、「**国民の誰もが住み慣れた地域で必要な介護サービスをスムーズに手に入れられる介護システムの必要性**」が示されました。これを受け、同年12月に出された、「新たな高齢者介護システムの構築を目指して」（高齢者介護・自立支援システム研究会）のなかで、**新しい介護システムとして公的介護保険制度の創設**が提言されました。この報告書では、高齢者の介護をめぐる問題点を整理した上で、高齢者の自立支援を基本理念とし、従来の制度を再編成して社会保険方式の導入を中心とした新しい介護システムの構想を提言しました。

介護の社会化に向けて 図

| 家族で担う介護  | から | 社会で担う介護  | へ変えていこう！ |

↓ しかし

当時の介護サービスは……

- **措置制度**　行政がサービスの提供と廃止を決める（⇄利用契約制度）
- かつ
- **応能負担**　利用者の収入によって負担額が決まること（⇄応益負担）

中高所得者には利用しにくいね……

介護保険制度をつくろう！

社会保険方式を用いた介護サービスの提供が必要

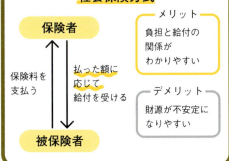

社会保険方式
- 保険者 ← 保険料を支払う／払った額に応じて給付を受ける → 被保険者
- メリット：負担と給付の関係がわかりやすい
- デメリット：財源が不安定になりやすい

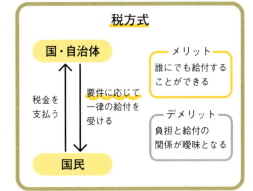

税方式
- 国・自治体 ← 税金を支払う／要件に応じて一律の給付を受ける → 国民
- メリット：誰にでも給付することができる
- デメリット：負担と給付の関係が曖昧となる

10　高齢者支援の変遷④　介護の社会化に向けて（1990年代）

11

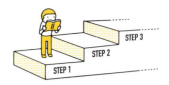

高齢者支援の変遷⑤
介護保険制度の創設(1990年代)

▶ 介護保険制度の創設についての議論

　「新たな高齢者介護システムの構築を目指して」の提言を受け、政府において本格的な介護保険制度の議論が開始されることになりました。1995(平成7)年2月から老人保健福祉審議会において介護保険制度の審議が行われ、途中2回の報告書の提出を経て、1996(平成8)年4月に最終報告書「高齢者介護保険制度の創設について」がまとめられました。これを踏まえて、同年6月に介護保険法案を国会に提出しようとしましたが、関係者間での合意に至らず見送られ、その後、関係者間の意見調整を経て、同年11月「**介護保険関連3法案**(介護保険法案、介護保険法施行案、医療法の一部を改正する法律案)」が国会に提出され、**1997(平成9)年12月に介護保険法**が成立、**2000(平成12)年4月から介護保険制度が施行**されることになりました。

▶ 介護保険制度の施行

　介護保険制度の施行に向けて、1999(平成11)年12月に新ゴールドプラン後の高齢者保健福祉施策の方針を示す「**今後5か年間の高齢者保健福祉施策の方向(ゴールドプラン21)**」が策定されました。この計画のなかで介護予防の概念が示され、**介護サービスと介護予防が「車の両輪」**とされました。介護保険制度は、2000(平成12)年4月に施行され、それまで老人福祉法と老人保健法によって提供されていた介護サービスは介護保険制度に再編成されました。また、行政がサービスの提供と廃止を決める措置制度から、**利用者が自らサービスを選んで利用する利用契約制度**へと移行し、介護サービスに**社会保険方式**を導入することで給付と負担の関係が明確となり、介護サービスに対する権利性を確立することになりました。

介護保険制度についての議論から施行まで 図

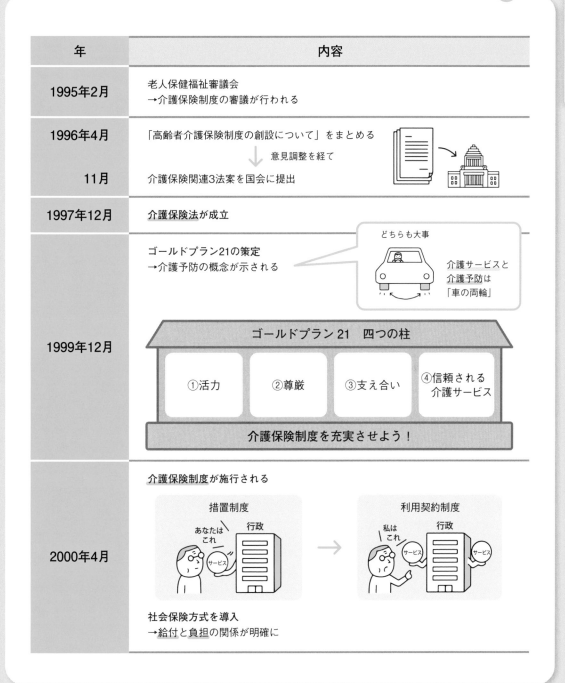

11 高齢者支援の変遷⑤　介護保険制度の創設（1990年代）

12 地域包括ケアシステム

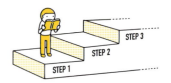

▶ 高齢者が住み慣れた地域で最期まで暮らすために

　高齢者が住み慣れた地域で最期まで暮らすためのシステムとして**地域包括ケアシステム**の構築が叫ばれています。地域包括ケアシステムとは、高齢者の尊厳の保持と自立生活の支援を目的として、介護が必要になっても住み慣れた地域で安心して暮らし続けることができるよう、地域の実情に応じて<u>「医療」「介護」「予防」「住まい」「生活支援」などの社会資源が一体的に提供されるシステム</u>です。地域包括ケアシステムは、1947（昭和22）年から1949（昭和24）年生まれの団塊の世代が75歳以上の後期高齢者となる2025（令和7）年を目途に構築が進められています。

▶ 地域包括ケアシステムの五つの構成要素

　次に、地域包括ケアシステムを構成する「医療」「介護」「予防」「住まい」「生活支援」の五つの要素についてみていきます。地域包括ケアシステムでは、生活の基盤として「**住まい**」と「**生活支援**」があり、そこに専門的なサービスである「**医療**」「**介護**」「**予防**」などが相互に連携して、高齢者の在宅生活を支えるしくみとなります。

　具体的には、医療や介護が必要となっても地域で暮らすためには、自宅やサービス付き高齢者向け住宅など生活を送る場所となる「住まい」が前提となり、さらに生活を送る上で必要なサービスとして見守り、配食、買い物などの「生活支援」が必要となります。その上で、かかりつけ医などによる在宅医療や訪問看護、リハビリテーションなどの「医療」、居宅や施設で提供される介護保険サービスなどの「介護」、保健師などによる要介護状態の改善や予防といった「予防」など、各専門職によるサービスが連携して提供されることになります。

地域で暮らし続けていくためのシステム　図

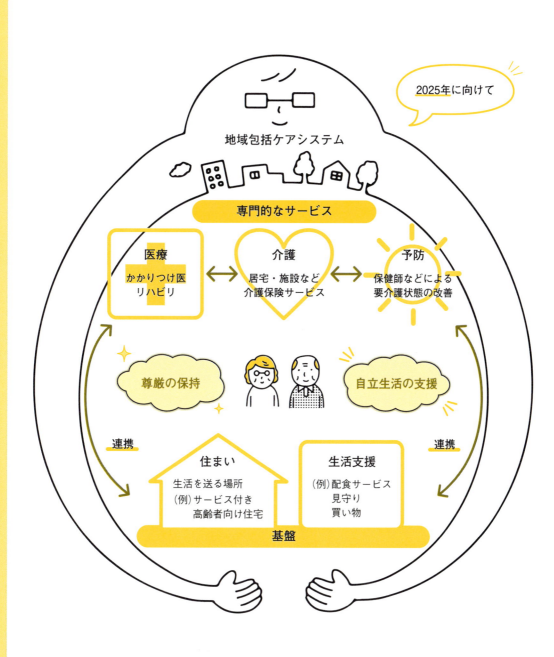

12 地域包括ケアシステム

13 認知症施策

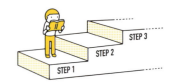

認知症に対する取り組み

　認知症は、1980年代頃から社会問題化し、さまざまな施策が展開されてきました。本格的に地域における支援などの施策が進められるようになったきっかけは、2012（平成24）年に出された**「今後の認知症施策の方向性について」**の報告書です。この報告書では、認知症の人の状態に応じた適切なサービス提供の流れをまとめた**「認知症ケアパス」**の作成などが示されました。これを受けて2013（平成25）年から2017（平成29）年までの計画として**「認知症施策推進５か年計画（オレンジプラン）」**が策定されました。この計画期間中の2014（平成26）年に**「認知症サミット日本後継イベント」**が開催され、開会式に登壇した安倍晋三総理から認知症施策を加速させることについて指示があり、2015（平成27）年から2025（令和7）年までの計画として七つの柱を基にした**「認知症施策推進総合戦略（新オレンジプラン）」**が策定されました。

認知症施策推進大綱の策定

　新オレンジプランを引き継ぎ、認知症施策を推進するため、2019（令和元）年に**「認知症施策推進大綱」**が取りまとめられました。認知症になっても希望をもって暮らせる社会を目指し、認知症の人や家族の視点を重視しながら「共生」と「予防」を両輪として施策を推進することになりました。大綱は、①普及啓発・本人発信支援、②予防、③医療・ケア・介護サービス・介護者への支援、④認知症バリアフリーの推進・若年性認知症の人への支援・社会参加支援、⑤研究開発・産業促進・国際展開の五つを柱としています。また、2023（令和5）年6月には、認知症の人が尊厳をもち、希望をもって暮らせる共生社会の実現を目指して**「認知症基本法」**が制定されています。

認知症に対する取り組みの変遷　図

年	内　容
2012年	「今後の認知症施策の方向性について」 →「認知症ケアパス」の作成などが示されている
2013年	「認知症施策推進5か年計画」を策定 → オレンジプラン
2014年	認知症サミット日本後継イベント →認知症施策推進総合戦略 → 新オレンジプラン
2019年	「認知症施策推進大綱」が取りまとめられる
2023年	認知症基本法 →認知症の人が希望をもって暮らせる 　共生社会の実現を目指す！

認知症施策を
加速させるための計画
（2015〜2025年）

安倍元総理の
指示

五つの柱

①社会への理解を深めよう
②予防をしよう
③適切な医療・介護を提供しよう
④バリアフリー・社会参加を進めよう
⑤研究・産業を進めて世界を広げよう

**大事なのは
共生と予防**

認知症になっても
希望をもって
暮らそう！

認知症施策を総合的かつ計画的に推進するため、認知症施策推進基本計画や基本的施策を規定している

13　認知症施策　　27

14 地域共生社会

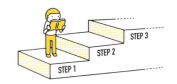

▶ 地域共生社会の実現を目指す包括的な支援体制の構築

　地域共生社会とは、制度・分野ごとの「縦割り」や「支え手」「受け手」という関係を超えて、地域住民や地域の多様な主体が参画し、人と人、人と資源が世代や分野を超えてつながることで、住民一人ひとりの暮らしと生きがいを持てる地域をともに創っていく社会のことです。地域共生社会の実現に向けた取り組みとして、「地域課題の解決力の強化」「地域丸ごとのつながりの強化」「地域を基盤とする包括的支援の強化」「専門的人材の機能強化、最大活用」の四つの取り組みが示されました。このなかで、「地域を基盤とする包括的支援の強化」では、地域包括ケアシステムの取り組みを高齢者のみならず、生活上の困難を抱える障害者や子どもなどにも広げて地域において自立した生活を送ることができるような包括的な支援体制の構築が目指されています。

▶ 包括的な支援体制の構築のための重層的支援体制の整備

　2019（令和元）年に「地域共生社会推進検討会（地域共生社会に向けた包括的支援と多様な参加・協働の推進に関する検討会）」が設置され、多様化、複合化している地域の福祉ニーズに応えていく横断的なしくみの構築が検討されました。検討会では、具体的な課題解決を目指すアプローチだけでなく、つながり続けることを目指すアプローチとして**伴走型支援**の必要性が示されました。そして、専門職による伴走型支援と地域住民同士の支え合いや緩やかな見守りによりセーフティネットを強化し、重層的なものにしていく必要があると提案されました。この検討を受けて、包括的な支援体制の構築を推進するため、2021（令和3）年に「**断らない相談支援**」「**参加支援**」「**地域づくりに向けた支援**」の三つの支援を一体的に行う**重層的支援体制整備事業**が創設されました。

地域共生社会を目指す、包括的な支援体制　図

地域共生社会実現に向けた四つの取り組み

地域丸ごとのつながり強化

地域課題の解決力強化

専門的人材の機能強化・最大活用

地域を基盤とする包括的支援の強化

実現するためのアプローチ

- 具体的な課題解決を目指すアプローチ
- つながり続けることを目指すアプローチ（伴走型支援）
- 住民同士のつながりや緩やかな見守り（セーフティネット）

重層的な支援体制が必要

推進していくために

2021年　重層的支援体制整備事業を創設
① 断らない相談支援
② 参加支援
③ 地域づくりに向けた支援

14　地域共生社会

15 介護をめぐる現代の問題① ダブルケア・ヤングケアラー

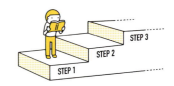

▶ 育児と介護を担うダブルケア

ダブルケアとは、子どもの育児を行っている者が同時に親などの介護を行う問題です。背景には、女性の晩婚化により出産年齢が高くなったことや高齢者の平均寿命が延びたことがあります。これまでは、育児期を終えた後に介護期が訪れるというのが一般的でしたが、女性の晩婚化により出産年齢が高くなり、育児期が遅くなったことで親の介護期と重なるようになりました。2016（平成28）年の内閣府男女共同参画局「**育児と介護のダブルケアの実態に関する調査**」によると、ダブルケアを担うダブルケアラーの数は、推計で約25万人程度いるとされ、女性が約17万人、男性が約8万人で、女性が男性の約2倍の数となっています。年代では、30～40代が多く、約8割を占めています。つまり、ダブルケアの問題は、働き盛りの女性に多くなっています。

▶ ヤングケアラーは日常的にケアを担う子どもや若者

ヤングケアラーとは、一般的には大人が担うであろう家事や育児、介護などの家族のケアを日常的に行っている子どもや若者のことです。ケアの責任や負担によって、学業や友人関係などに影響が出てしまうことが問題です。背景には、三世代世帯の減少、共働き世帯の増加、ひとり親世帯の増加など、家事やケアを担う大人が家族内にいないことがあります。2020（令和2）年度と2021（令和3）年度に行われた「**ヤングケアラーの実態に関する調査研究**」によると、ヤングケアラーの割合は、小学6年生で6.5％、中学2年生で5.7％、全日制の高校2年生で4.1％、大学3年生で6.2％となっています。また、世話をしている家族は、小中高生は「きょうだい」の割合が高いのに対して、大学生は「母親」、「祖母」の割合が高くなっています。

ダブルケアとヤングケアラー 図

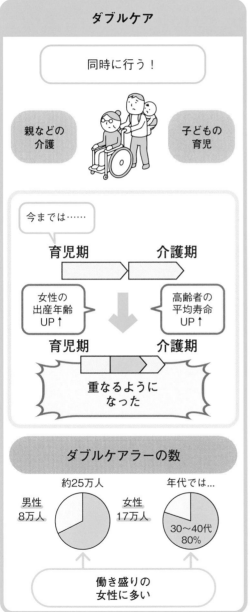

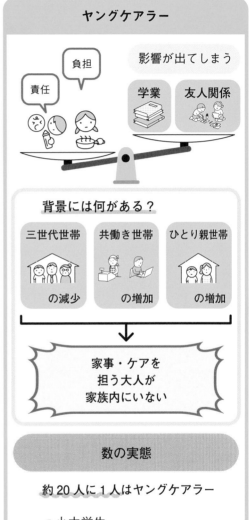

15 介護をめぐる現代の問題① ダブルケア・ヤングケアラー

16 介護をめぐる現代の問題② 8050問題・65歳の壁

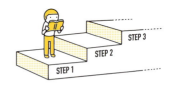

▶ 複合的な問題を抱える8050問題

　8050問題とは、**80代の親が、ひきこもりまたは無職の状態にある50代の子どもの生活を支えるという問題**です。背景には、子どものひきこもり状態の長期化があり、介護が必要となった80代の親を支援しようとした際に、ひきこもり状態にある50代の子どもがいることがわかるケースが多くみられています。8050問題では、無職の状態にある子どもが親の年金などに頼って生活を送るため、経済的に困窮していること、親が高齢期となり介護が必要となること、周りに知られたくないとの気持ちから社会的に孤立していることなど複合的な問題を抱えています。高齢期の親と成人した子どもの両者の支援が必要となりますが、40歳以上65歳未満の壮年期の支援が不足していることや子どもが社会との交流を拒み親の介護保険サービスの利用を拒否するなどの問題があります。

▶ 高齢の障害者が直面する65歳の壁

　65歳の壁とは、**障害福祉サービスを利用して生活している障害者が65歳になると、それまで利用していたサービスが利用できなくなり、介護保険サービスを優先して利用しなければならないという問題**です。これは、障害福祉サービスを規定する障害者総合支援法の第7条において、65歳以上になると障害福祉サービスと対応する介護保険サービスがある場合は介護保険を優先するという規定があるためです。これによって障害者には、障害福祉サービスで利用できたものが利用できなくなることや介護保険サービスでは負担額が増えるなどの問題が起こります。そこで、2018（平成30）年に、**障害者が65歳以上になっても同じ事業所を継続利用できるよう、介護保険サービスと障害福祉サービスを同じ事業所で提供する「共生型サービス」**が創設されました。

8050問題と65歳の壁　図

8050問題

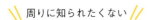
周りに知られたくない

社会的に孤立

親の年金頼り

経済的に困窮

双方の支援が
必要だが……　→

課題
- 壮年期（40〜64歳）の支援が不足している
- 子どもが社会との交流を拒む

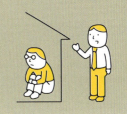

65歳の壁

65歳

介護保険サービスが優先されます。

負担額が ⬇ 増えてしまう……

2018年　共生型サービスの創設

介護保険サービス と 障害福祉サービス

同じ事業所で提供する

障害のある人が65歳以上になっても同じ事業所を利用できる！

16　介護をめぐる現代の問題②　8050問題・65歳の壁

17

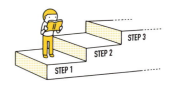

2040年問題①
少子高齢化の進展

2040年問題と社会保障制度の持続可能性

　2040年問題とは、深刻な少子高齢化により2040（令和22）年頃に想定される問題のことです。少子高齢化とは、出生率の低下により子どもの数が減少する「少子化」と平均寿命の延伸により総人口に占める高齢者の割合が高くなる「高齢化」が同時に進行することをいいます。少子化は、生まれる子どもの数が減ることで、15歳から64歳までの働き手となる生産年齢人口が徐々に減っていくことになり、年金・医療の保険料収入や税収などが減っていくことが問題となります。一方で、高齢化は、年金や医療などを必要とする高齢者が増えるため、給付が増えていくことが問題となります。つまり、社会保障制度の給付と負担のバランスが崩れてしまうのです。2042（令和24）年には、65歳以上人口が約3953万人と最大となり、生産年齢人口は現在より約1200万人減少することが予測され、2040年問題では社会保障制度の持続可能性が問われています。

少子高齢化の進展

　日本の人口は、2008（平成20）年に減少に転じました。2022（令和4）年の総人口は約1億2495万人となっており、その後も人口は減少し続け、2025（令和7）年に1億2326万人、2040（令和22）年に1億1284万人になると推計されています。出生数については、100万人を下回ったのが2016（平成28）年で97.7万人。2019（令和元）年には86.5万人。2022（令和4）年には77.0万人と、予想を超えるスピードで少子化が進んでいます。一方で、高齢者となる65歳以上人口は、2022（令和4）年に3624万人となり高齢化率29.0％となりました。その後、2027（令和9）年に高齢化率30％を超え、高齢者数が最大となる2042（令和24）年には、35.5％になると推計されています。

少子高齢化の進展と問題点　図

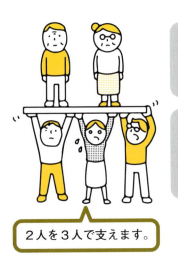

2人を3人で支えます。

高齢者が増える
→年金や医療など給付が増える

生産年齢人口（15〜64歳）は徐々に減少
→保険料収入や税収が減り個々の負担が増える

給付と負担のバランスが崩れる
→社会保障制度は、持続可能か？

日本の人口
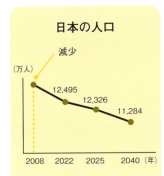
（万人）　減少
12,495　12,326　11,284
2008　2022　2025　2040（年）

出生数
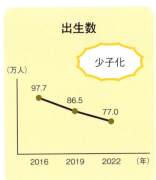
少子化
（万人）
97.7　86.5　77.0
2016　2019　2022（年）

高齢化率

高齢化
（%）
29.0　29.9　30.0　35.5
2022　2025　2027　2042（年）

予想をはるかに超えるスピードで少子高齢化が進んでいます。

17　2040年問題①　少子高齢化の進展

18

2040年問題②
地域差

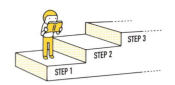

▶ 日本の人口動態の変化

　日本の人口動態をみると、最も多くの子どもが生まれた団塊の世代が2022（令和4）年から75歳以上の後期高齢者となり、2025（令和7）年には団塊の世代がすべて後期高齢者となります。その後も、**65歳以上の高齢者人口は増え続け、2042（令和24）年頃にピークを迎える**とされています。しかし、2025（令和7）年に団塊の世代が後期高齢者となった後は緩やかな増加になると推測されています。一方で、すでに減少に転じている15歳から64歳までの生産年齢人口は2025（令和7）年以降に急減していきます。つまり、**日本の人口動態は、2025（令和7）年を境に高齢者人口の急増から生産年齢人口の急減へと変化する**のです。また、65歳以上人口は2025（令和7）年から減少に転じる都道府県もあり、地域差がみられるようになります。

▶ 65歳以上の高齢者人口の地域差

　国立社会保障・人口問題研究所の「日本の地域別将来推計人口（令和5年推計）」によると、すでに2020（令和2）年に65歳以上人口が最大となっている県に秋田県、島根県、山口県、高知県などの9県があります。2025（令和7）年までに12、2040（令和22）年までに15の道府県が65歳以上人口最大を迎え、合計で36の道府県で65歳以上人口が減少していくとされています。一方で、東京都、神奈川県、大阪府、愛知県、埼玉県、千葉県などの都市部では、2040（令和22）年を過ぎても65歳以上人口が増加し続けます。特に、東京都は、ほかの府県が2045（令和27）年以降に減少に転じる中（愛知県と沖縄県を除く）、2050（令和32）年を過ぎても65歳以上人口が大きく増加し続ける見通しです。

日本の人口動態の変化　図

2022年から団塊の世代が
75歳以上になる
→後期高齢者が急増

★ 2025年

高齢者の増加は
緩やかになる

団塊の世代

2025年には
すべての
団塊の世代が
後期高齢者へ

一方　生産年齢人口は急減

しかし……　地域差がある！

● 2020年に65歳以上が最大となっている都道府県

● 2040年を過ぎても65歳以上人口が増加し続ける都道府県

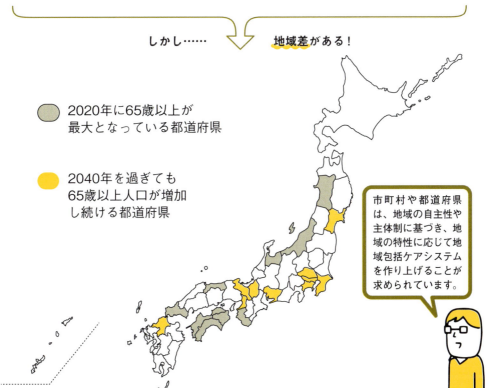

市町村や都道府県は、地域の自主性や主体性に基づき、地域の特性に応じて地域包括ケアシステムを作り上げることが求められています。

18　2040年問題②　地域差

19 介護保険制度の課題①
財源不足

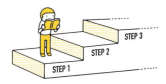

▶ 介護保険制度が直面している課題─財源不足

　介護保険制度が直面している課題に財源不足があります。介護保険制度の財源は、サービス費用の原則１割（一定以上の所得者の場合は２割または３割）が利用者負担となり、利用者負担を除いた給付費に対して、税金となる公費が50％、介護保険料が50％と２分の１ずつ負担することになっています。2021年度の介護保険制度の費用は、11兆26億円（利用者負担を除いた給付費は9兆8467億円）となり10兆円を超え、制度創設時と比較すると約３倍以上の増加となりました。今後も高齢者の増加が予測されることから、それに伴う費用の増加が考えられます。一方で、介護保険の保険料を納める40歳以上人口は減少していくことから、介護保険制度の財源不足はさらに深刻なものとなり、どのようにして財源を確保していくのかが課題となります。

▶ 介護保険制度における財源確保の対応策

　介護保険制度の財源確保の対応策として、保険料や税金の負担の増加、利用者負担の高負担の対象者の拡大などがあげられます。しかし、いずれも国民からの反発を避けることができません。保険料の増額については、65歳以上の第１号被保険者の保険料の負担は、制度創設時の全国平均が月額2911円だったものが、現在では月額6041円と約２倍となっており、保険料の増額は高齢者にとって厳しいものとなります。また利用者負担については、２割負担の対象者の拡大について議論が行われていますが、2027（令和9）年の改定に先送りされました。このような状況において、**財源確保の対応策として期待されているのが「介護予防の強化」**です。介護の必要な高齢者が減少することにより、介護保険制度の給付を抑制し、財源を確保していくことが期待されています。

介護保険制度の課題―お金が足りない　図

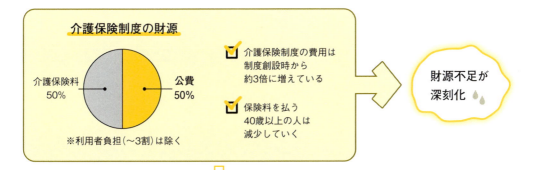

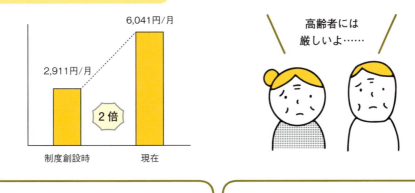

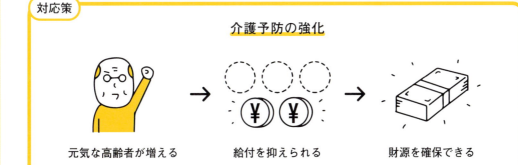

19　介護保険制度の課題①　財源不足

20

介護保険制度の課題②
介護人材不足・外国人介護人材の受け入れ

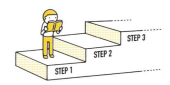

▶ **介護保険制度が直面している課題──介護人材不足**

　介護保険制度が直面している課題の一つに**介護人材の不足**があります。厚生労働省によると2019（令和元）年度の介護職員数は、約210.6万人となっており、制度創設時の2000（平成12）年度の54.9万人と比較すると約4倍も増加しています。しかし、団塊の世代がすべて75歳以上となる2025（令和7）年度には、約243万人の介護職員が必要であり、さらに、65歳以上の高齢者人口が最大となる2040（令和22）年度には、約280万人の介護職員が必要で、約69万人の確保が必要になると推計されています。しかし、介護職員も高齢者となり退職していくことや今後の生産年齢人口の減少などを考慮すると、さらに介護人材の不足は深刻なものになると考えられます。

▶ **外国人介護人材の受け入れ**

　介護保険制度の介護人材確保の対応策として**外国人介護人材の受け入れ**が挙げられます。外国人介護人材受け入れのしくみについては、四つの制度があります。一つめは「**経済連携協定（EPA）**」です。これは経済活動の連携の強化を目的に、2008（平成20）年から開始され、インドネシア、フィリピン、ベトナムの3か国と結んでいます。二つめは『**在留資格「介護」の付与**』です。介護福祉士の資格を有する外国人に対して介護施設等と契約して従事できるようにするため日本に滞在する在留資格として介護が創設されました。三つめは「**技能実習制度**」です。開発途上国などの外国人を一定期間受け入れ、日本から相手国に技能の移転を図るものです（今後、この制度は廃止され、「育成就労制度」が設けられる予定です）。四つめは、「**特定技能の在留資格**」で、人手不足に対応するため一定の専門性、技能を有する外国人を受け入れるものです。

介護保険制度の課題—人が足りない 図

介護職員数の推移

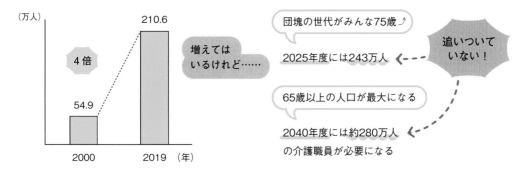

（万人）
- 2000年: 54.9
- 2019年: 210.6
- 4倍

増えてはいるけれど……

- 団塊の世代がみんな75歳↑
- 2025年度には243万人
- 65歳以上の人口が最大になる
- 2040年度には約280万人の介護職員が必要になる

追いついていない！

対応① 外国の人を受け入れよう

外国人介護人材の受け入れの課題として、「日本語の理解」「日本人職員の理解」「生活習慣」などが挙げられる

\\ 受け入れのしくみは四つ //

経済連携協定（EPA）

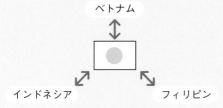

ベトナム／インドネシア／フィリピン

経済活動の連携強化

在留資格「介護」の付与

介護福祉士 ←契約→ 介護施設など

日本にいるための資格に「介護」を追加

技能実習制度

一定期間受け入れ

技能の移転

特定技能の在留資格

一定の専門性、技能を有する外国人を受け入れる

20 介護保険制度の課題② 介護人材不足・外国人介護人材の受け入れ

21 介護保険制度の課題③
介護人材不足・テクノロジー（介護ロボット・ICT）の活用

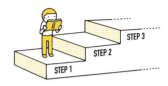

▶ **テクノロジーの活用（介護ロボット）**

　介護保険制度の**介護人材確保の対応策として、テクノロジー（科学技術）の活用による介護ロボットの開発と普及の促進**があります。介護ロボットを導入することは、介護人材の不足に対応するだけではなく、高齢者の自立や介護者の負担軽減につながります。厚生労働省は、経済産業省と協同で2012（平成24）年に「ロボット技術の介護利用における重点分野」を定めました。この重点分野では、介護ロボットの開発を優先的に進める目標として、高齢者の自立を支援することで生活の質の維持や向上を図ること、介護者の負担軽減を実現することがあげられました。2017（平成29）年に改訂され、重点分野として、「移乗支援」「移動支援」「排泄支援」「見守り・コミュニケーション」「入浴支援」「介護業務支援」の6分野13項目が定められています。

▶ **テクノロジーの活用（情報通信技術：ICT）**

　介護保険制度の**介護人材確保の対応策として、科学技術の活用による情報通信技術（以下、ICTという）の活用促進**が進められています。ICTを導入することは、職員の事務負担の軽減や業務の効率化などにつながります。また、従来の紙媒体での介護情報のやり取りをICTの活用によりデータ化することで、データでの蓄積が可能となり、科学的裏付け（エビデンス）に基づく介護サービスの提供となる「科学的介護」を促進することにつながります。2021（令和3）年には、介護データを活用する情報システムとして**「科学的介護情報システム（LIFE）」**が運用されました。LIFEは、介護施設・事業所において記録されている利用者の状態やケアの内容に関するデータを収集し、蓄積したデータを解析し、介護施設・事業所にフィードバックを行う情報システムです。

テクノロジーの活用 図

対応②介護ロボットを活用しよう

見守りセンサー

パワースーツ

移乗リフター

☑ 高齢者の自立支援
☑ 介護者の負担軽減を目指す

対応③ICTを活用しよう

今まで
紙で記録

→

これから
情報をデジタル化

メリット
- 業務負担の削減
- 介護の質向上
- 時間創出

LIFE ～科学的介護情報システム～

介護事業所

— 利用者に関するデータ →
← フィードバック —

行政

データを活用して質の高い介護を目指す！

21 介護保険制度の課題③　介護人材不足・テクノロジー（介護ロボット・ICT）の活用

第1章参考文献

- 社会福祉士養成講座編集委員会編「新・社会福祉士養成講座13 高齢者に対する支援と介護保険制度 第6版」中央法規出版、2019.
- 厚生労働省「2022（令和4）年 国民生活基礎調査の概況：Ⅱ各種世帯の所得等の状況」
- 総務省統計局「労働力調査（基本集計）：2023年（令和5年）平均結果の概要」
- 総務省統計局「平成30年住宅・土地統計調査：住宅及び世帯に関する基本集計」
- 厚生労働省「2022（令和4）年 国民生活基礎調査の概況：Ⅰ世帯数と世帯人員の状況」
- 厚生労働省「令和3年度 介護保険事業状況報告（年報）概要」
- 厚生労働省「2022（令和4）年 国民生活基礎調査の概況：Ⅲ世帯員の健康状況」
- 公益財団法人全国老人クラブ連合会「老人クラブとは〜あゆみ〜」
- 一般社団法人日本ソーシャルワーク教育学校連盟編「最新社会福祉士養成講座2 高齢者福祉」中央法規出版、2021.
- 厚生労働省編「厚生労働白書〈平成19年版〉医療構造改革の目指すもの」ぎょうせい、2007.
- 一般財団法人厚生労働統計協会「国民の福祉と介護の動向2023/2024」一般財団法人厚生労働統計協会、2023.
- 厚生労働省「『地域共生社会』の実現に向けて」
- 厚生労働省「地域共生社会のポータルサイト」
- 内閣府男女共同参画局「平成27年度 育児と介護のダブルケアの実態に関する調査報告書」
- 文部科学省「ヤングケアラーに関する調査研究について」
- 厚生労働省「高齢の障害者に対する支援等について」（第116回社会保障審議会障害者部会資料2）
- 国立社会保障・人口問題研究所『日本の将来推計人口（令和5年推計）』
- 厚生労働省「2040年に向けた人口動態・医療需要等」
- 厚生労働省「介護人材確保に向けた取組」
- 厚生労働省「介護ロボットの開発・普及の促進」
- 厚生労働省「科学的介護情報システム（LIFE）について」

第 2 章

高齢者の保健・医療・福祉に関する法制度

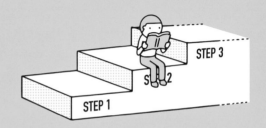

01 老人福祉法

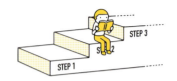

🟡 老人福祉の原理や必要な措置を規定した法律

　1963（昭和38）年に高齢者福祉の施策を体系的に整備し、総合的に推進する法律として制定されたのが「**老人福祉法**」です。老人福祉法の目的は、老人の福祉に関する原理を明らかにし、老人に対して、その心身の健康の保持及び生活の安定のために必要な措置を規定することを目的としています（第1条）。老人の福祉に関する原理とは、老人福祉法の基本的理念をふまえた福祉を進めるものであり、必要な措置とは、居宅における介護等や老人ホームへの入所などの老人福祉全般を指しています。基本的理念に、高齢者は、「敬愛されるとともに、生きがいをもてる健全で安らかな生活が保障されるもの」と掲げ、高齢者に対して、「知識と経験を活用して社会的活動に参加すること、希望と能力とに応じて仕事や社会的活動の機会が与えられる」ことを規定しています。

🟡 老人福祉法における福祉の措置

　老人福祉法における措置の内容をみていくと、措置の実施者は、対象者の居住地の市町村とされています。そして、老人福祉の措置として行われるサービスについて、居宅における介護は、「**老人居宅生活支援事業**」として、老人居宅介護等事業、老人デイサービス事業、老人短期入所事業などを定めており、また施設介護としては、「**老人福祉施設**」として、老人デイサービスセンター、老人短期入所施設、養護老人ホーム、特別養護老人ホーム、軽費老人ホーム、老人福祉センターなどを定めています（第5条の2および3）。このうち、養護老人ホームは、環境上の理由および経済的理由による高齢者が入居する施設であり、特別養護老人ホームは、常時の介護を必要とし居宅において生活が困難な高齢者が入居する施設と定められています（➡ P.100）。

老人福祉法の理念と措置内容 図

老人福祉法の目的と基本的理念

目的

- ☑ 福祉に関する原理を明らかにすること
  ↓
  基本的理念をふまえた福祉を進めること

- ☑ 老人に対して、必要な措置を決めること
  ↓
  自宅での介護や老人ホームへの入所など

基本的理念

高齢者は、
- 敬愛されること
- 健全な生活が保障されること

高齢者に対して、仕事や社会的活動の機会が与えられること

法で定める居宅介護と施設介護の施設

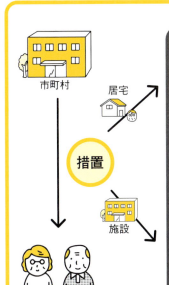

市町村 → 居宅／施設（措置）

老人居宅生活支援事業

- 老人居宅介護等事業 …… 自宅での生活に関するアドバイスをする
- ☆老人デイサービス事業 … 施設で生活のサポートをする
- ☆老人短期入所事業 ……… 自宅での介護が困難な人が一時的に入所

老人福祉施設

- 老人福祉センター ……… 地域の高齢者からの相談を受ける
- ☆老人デイサービスセンター … 施設で生活のサポート、アクティビティを行う
- ☆老人短期入所施設 ……… 短期間入所して生活のサポートをする
- 養護老人ホーム
- 特別養護老人ホーム
- 軽費老人ホーム

☆☆は似た名称ですが、施設として独立している場合は施設、老人ホームなどに併設している場合は居宅のサービスに含まれるのです。

01 老人福祉法

02 医療法

医療提供の基本となる法律

　1948（昭和23）年に病院、診療所、助産所などの医療提供施設の定義や医療提供施設の開設、管理、整備の方法など、日本の医療提供の基本となる法律として制定されたのが「医療法」です。医療法の目的は、「医療を受ける者の適切な選択を支援するために必要な事項」「医療の安全を確保するために必要な事項」「医療提供施設の開設、管理、整備に必要な事項」「医療提供施設の機能分担や連携に関する事項」などを規定することで、医療を受ける者の利益を保護し、良質かつ適切な医療を効率的に提供する体制の確保を図ることによって国民の健康保持に貢献することを目的としています。医療法では、病院、診療所、助産所などの医療提供施設だけではなく、介護老人保健施設や介護医療院などの介護保険制度による施設も規定しています。

医療の安全確保のための措置

　医療法では、医療提供者の責務として「医療の安全確保のための措置」が規定されています。例えば、病院等の管理者は、医療の安全を確保するための指針の策定、従業者に対する研修の実施、その他の当該病院等における医療の安全を確保するための措置を講じなければならないとされています。
　また、医療事故が発生した場合、管理者は医療事故調査・支援センター（一般社団法人日本医療安全調査機構が指定されています）に報告し、その原因を明らかにするために必要な調査を行わなくてはならないことになっています（第6条の10第1項および11第1項）。このように医療提供者には、医療の安全確保がなされるよう、その責務が医療法によって規定されています。

医療法の目的と安全確保のための措置 図

医療法の目的

医療を受ける者の適切な選択を支援

安全確保

医療提供施設の開設・管理・整備

医療提供施設の機能分担や連携
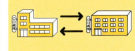

医療提供の体制をつくる

- 良質
- 医療
- 適切
- 効率的

⬇ 医療を受ける者の利益を保護する

⬇ 国民の健康保持に貢献する

医療の安全確保のための措置

医療提供者の責務

安全確保のための指針を策定する

従業員に対する研修

事故が起きたときの報告・調査

02 医療法

03 高齢者医療確保法

▶ 高齢期の適切な医療を確保するために

　2008（平成20）年に高齢期における適切な医療を確保することや、医療費の適正化によって高齢者の福祉を増進するために、1982（昭和57）年に制定された「老人保健法」を改正し、施行されたのが**「高齢者の医療の確保に関する法律（高齢者医療確保法）」**です。これは、急速に進む高齢化による医療費の増加に対処していくため、2006（平成18）年の医療制度改革の一つとして行われた「健康保険法等の一部を改正する法律」による改正で、高齢者医療確保法では、「医療費の適正化を推進するための計画の作成（医療費適正化計画）」「保険者による健康診査等の実施（特定健康診査・特定保健指導）」「前期高齢者に係る保険者間の費用負担の調整」「後期高齢者に対する適切な医療の給付等を行うために必要な制度（後期高齢者医療制度）」などが規定されています。

▶ 75歳以上の医療を規定する後期高齢者医療制度

　高齢者医療確保法では、**「後期高齢者医療制度（長寿医療制度）」**が規定されています。後期高齢者医療は、一人当たりの医療費が高額となる75歳以上の高齢者を対象とし、現役世代の医療保険制度から切り離して独立した医療保険制度です。運営主体は、各都道府県のすべての市町村が加入する**後期高齢者医療広域連合**が行っており、被保険者は、75歳以上の者および65歳以上75歳未満で一定の障害がある者とされています。

　財源については、収入と支出を明確にするため特別会計で運営されており、公費が約5割、現役世代から約4割、保険料が1割となっており、<u>後期高齢者も保険料を支払います</u>。また、医療費の1割（一定以上の所得がある方は2割もしくは3割）の自己負担があります。

後期高齢者の医療の確保 図

高齢者の医療の確保

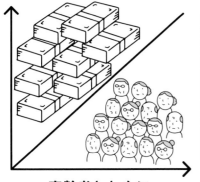

高齢者とともに医療費も増える

そこで

① 医療費の適正化を進める

② 保険者による健康診査などの実施

③ 前期高齢者について保険者間の費用負担を調整する

65～74歳

④ 後期高齢者について適切な医療を提供する

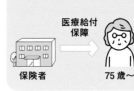
75歳～

後期高齢者医療制度

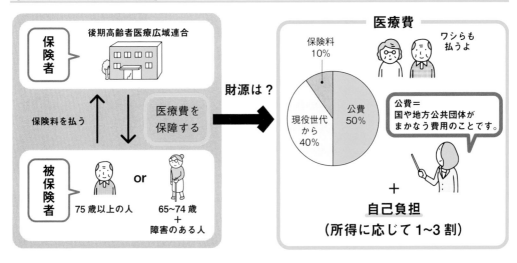

03 高齢者医療確保法

04 高齢者住まい法

高齢者の居住環境を整備するための法律

　2001（平成13）年に福祉サービスの提供や住宅供給の促進など高齢者の住まいの問題に対処するため、高齢者が安心して生活できる居住環境の整備を推進するために制定されたのが「**高齢者の居住の安定確保に関する法律（高齢者住まい法）**」です。高齢者住まい法では、国や地方公共団体に対して高齢者の居住の安定確保に努める責務を規定し、国土交通大臣と厚生労働大臣は共同で基本方針を定めることになっています（第2条・第3条）。都道府県や市町村は、この基本方針に基づいて賃貸住宅や老人ホームなどの供給目標を定める「高齢者居住安定確保計画」を策定できるようになりました。そして、バリアフリー構造等を有し、介護・医療と連携し高齢者を支援するサービスを提供する住宅として「**サービス付き高齢者向け住宅**」の登録が規定されています。

バリアフリー化と見守りサービスを備える住宅

　高齢者住まい法では、2011（平成23）年改正により「**サービス付き高齢者向け住宅（サ高住）**」が創設されました。改正以前の高齢者向けの賃貸住宅は、高齢者の入居を拒まない「高齢者円滑入居賃貸住宅（**高円賃**）」、高齢者であることを入居条件とした「高齢者専用賃貸住宅（**高専賃**）」、良好な居住環境を備えた「高齢者向け優良賃貸住宅（**高優賃**）」の施策が進められてきました。しかし、介護・医療との連携や行政の指導監督が不十分であること、高齢者に適した住まいが不足していること、高円賃、高専賃、高優賃など制度が複雑であることなどが指摘され、加えて2011（平成23）年の介護保険法の改正で、<u>地域包括ケアシステムの要素の一つとして「住まい」が示された</u>こともあり、同年に高齢者住まい法が改正され、サ高住が創設されました。

高齢者住まい法とサ高住　図

高齢者住まい法

目的
- 高齢者の住まいを安定して確保すること
- 高齢者が安心して生活できる居住環境を整えること　など

厚生労働大臣と国土交通大臣が共同で基本方針を定める

↓

都道府県・市町村は基本方針に基づいて、「高齢者居住安定確保計画」を策定する

サービス付き高齢者向け住宅

これまで

高齢者の入居を拒まない
高円賃

高齢者であることが条件
高専賃

良好な居住環境
高優賃

地域包括ケアシステムに「住まい」が追加

これまでの制度が複雑

高齢者に適した住まいが不足

介護・医療の連携が足りない

2011年以降

サービス付き高齢者向け住宅

- ☑ スタッフによる見守り
- ☑ 生活相談を受けられる
- ☑ バリアフリー設計
　　　　　など

04　高齢者住まい法

05 高齢者虐待防止法

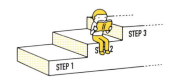

🟡 高齢者の権利や利益を擁護するために

2006（平成18）年に、高齢者の権利や利益を擁護するため、高齢者虐待の防止や早期発見・早期対応、高齢者の世話をしている養護者支援などを促進することを目的として施行されたのが**「高齢者虐待の防止、高齢者の養護者に対する支援等に関する法律（高齢者虐待防止法）」**です。高齢者虐待防止法では、まず、対象となる高齢者を65歳以上の者とし、虐待を「身体的虐待」「介護・世話の放棄・放任」「心理的虐待」「性的虐待」「経済的虐待」の五つに定義しています。また、国民に対して、高齢者虐待の防止や養護者支援への理解を深めて協力することを求めており、福祉・医療関係者に対しても、高齢者虐待を発見しやすい立場にあることから高齢者虐待の早期発見などに努め、国や地方公共団体が行う施策に協力することを求めています（第4条・第5条）。

🟡 高齢者虐待を発見した場合の通報と養護者支援

高齢者虐待防止法では、虐待の発見と通報についても規定されています。**養護者による虐待を受けたと思われる高齢者を発見した者は、市町村に通報する努力義務**を負い、加えて**高齢者の生命や身体に重大な危険が生じている場合には、通報義務**が生じます（第7条）。

また、**同じ施設などで働く養介護施設従事者等による虐待を発見した場合も通報義務が課せられています**（第21条）。なお、通報を受けた市町村は、通報者を特定できるものを漏らしてはいけないことになっています（第8条）。また、高齢者虐待防止法では、養護者への支援も定められており、養護者に対して介護の負担を軽減するために、相談、指導、助言その他必要な措置を行うことが規定されています。

虐待の種類と通報義務 　図

高齢者虐待の種類

身体的虐待	介護の放棄・放任	心理的虐待	性的虐待	経済的虐待
●暴力を加えること ●外部との接触を意図的に断つこと	●著しい減食や長時間の放置など、養護を怠ること ●虐待の放置	●暴言を吐いたり、著しく拒絶的な反応をしたりすること	●高齢者にわいせつな行為をしたり、させたりすること	●高齢者の財産を不当に処分したり、高齢者から不当な利益を得たりすること

通報と養護者支援

虐待の発見と通報

虐待を受けたと思われる高齢者を発見した場合 → 通報する努力義務

高齢者の生命や身体に重大な危険が生じている場合 → 通報義務

同じ施設などで働く介護施設従事者等による虐待を発見した場合 → 通報義務

養護者への支援

介護の負担をへらすため、相談・指導・助言など必要な措置を行う

05 高齢者虐待防止法

第2章参考文献

- 社会福祉士養成講座編集委員会編「新・社会福祉士養成講座13 高齢者に対する支援と介護保険制度 第6版」中央法規出版、2019.
- 介護福祉養成講座編集委員会編「最新介護福祉士養成講座2 社会の理解 第2版」中央法規出版、2022.
- 厚生労働省「老人福祉法の施行について」
- 太田貞司、上原千寿子、白井孝子編「介護福祉士実務者研修テキスト第1巻 人間と社会」中央法規出版、2023.
- 厚生労働省「医療法」
- 一般社団法人日本ソーシャルワーク教育学校連盟編「最新社会福祉士養成講座2 高齢者福祉」中央法規出版、2021.
- 厚生労働省「高齢者の医療の確保に関する法律」
- 国土交通省「住宅：サービス付き高齢者向け住宅」
- 厚生労働省「高齢者虐待防止の基本」

第 3 章

介護保険法と介護サービス

01
介護保険制度の変遷①
2000年の制度創設・2005年の改正

▶ 介護保険制度の創設

　介護保険制度は、介護が必要な状態になっても、安心して生活を送ることができるよう、**社会全体で介護が必要な人を支える社会保険**として2000（平成12）年に始まりました。施行後3年が経過した2003（平成15）年には、中長期的な介護保険制度の課題や高齢者介護のあり方について検討するため、厚生労働省に高齢者介護研究会が設置され、同年6月に報告書「**2015年の高齢者介護**」が提出されました。この報告書は、多くの子どもが産まれた団塊の世代が65歳になる2015（平成27）年を目標にして、高齢者の介護に求められる課題を明らかにしたものです。具体的には、「介護予防・リハビリテーションの充実」「生活の継続性を維持するための新しい介護サービス体系」「新しいケアモデルの確立：痴呆性高齢者ケア」「サービスの質の確保と向上」などがあげられます。この提言に基づいて介護保険法が改正されることになりました。

▶ 予防重視型システムへの転換

　介護保険制度は、施行当初は5年を1期としていましたが、2005（平成17）年以降は3年を1期として法律の改正が行われています。この背景には、介護保険制度の施行後に利用者が急増したことや急速に進む高齢化に対応することがありました。介護保険制度が始まって以降、**要支援などの軽度の利用者が著しく増加**しており、**介護保険サービスの利用が介護状態の改善に結びついていない**ことが指摘されました。これを受けて最初の介護保険制度の改正となる2005（平成17）年の改正では、「**予防重視型システムへの転換**」「施設給付の見直し」「新たなサービス体系の確立」「負担のあり方の見直し」「サービスの質の確保・向上」などが行われました。

介護保険制度の創設と2005年の改正 図

2000年の介護保険制度創設

年	内容
2000	これまでの措置制度は税金で成り立っていたが…… →少子高齢化で財政が厳しくなる 介護保険制度が創設される
2003	厚生労働省に高齢者介護研究会が設置される 『2015年の高齢者介護』が提出される ※2015年までの介護の課題を明らかにしたもの

介護予防・リハビリの充実

生活の継続性 今までどおりの生活！

痴呆性高齢者ケア

サービスの質の確保・向上

2005年の改正

創設当初
5年
ごとに見直し・改正

↓
急速に進む高齢化に対応するため！

2005年以降
3年
ごとの改正になった

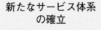
2005年改正のテーマ
介護保険サービスの利用を介護状態の改善につなげたい！

予防重視のシステムへ変えていく
＼要支援1・2をつくる／

施設給付の見直し
＼居住費と食費を利用者負担に／

新たなサービス体系の確立
＼地域包括支援センターの創設／

NEW

負担のあり方の見直し
＼保険料の負担を見直す／

サービスの質の確保・向上
＼情報の開示・ケアマネの更新制／

01 介護保険制度の変遷① 2000年の制度創設・2005年の改正

02
介護保険制度の変遷②
2008年の改正・2011年の改正

▶ 運営の適正化を図る制度改正

　2008（平成20）年の介護保険法の改正は、**介護サービス事業者の不正を防止し、介護事業運営の適正化を図るという観点からの改正**が行われました。つまり、介護保険サービスそのものというよりは、介護サービス事業者に向けて行われた改正といえます。この背景には、2007（平成19）年に、当時、介護業界最大手の企業であったコムスンが不正請求や虚偽の指定申請を繰り返していたことが社会問題となったことがありました。これを受けて、「事業者の業務管理の整備」「事業者の本部等に対する立入検査権の創設」「不正事業者の処分逃れ対策」「指定・更新時等の欠格事由の見直し」「廃止時のサービス確保対策」などの改正が行われました。

▶ 地域包括ケアの推進を図る

　2011（平成23）年の改正は、**医療、介護、予防、住まい、生活支援のサービスを切れ目なく、一体的に提供する「地域包括ケアシステム」の実現**に向けた取り組みを本格的に始めるという観点から改正が行われました。この背景には、2010（平成22）年から行われてきた社会保障審議会介護保険部会における議論があります。そこで明らかになったことは、介護の負担は軽減されつつあるも地域全体で支える体制が不十分であるということ、**給付と負担のバランスを確保する必要がある**ということでした。これを受けて、2011（平成23）年改正では、地域包括ケアシステムを構築していくため「地域包括ケアの推進」「24時間対応の定期巡回・随時対応サービスや複合型サービスの創設」「介護予防・日常生活支援総合事業（総合事業）の創設」「介護職員等によるたんの吸引等の実施」「高齢者住まい法の改正」「保険料の上昇緩和」などが行われました。

2008年と2011年の改正　図

2008年の改正

2008年改正のテーマ
介護サービス事業者の不正を防止して運営の適正化を図る！

業務管理の体制整備
法律を守れる体制をつくること

本部への立ち入り検査
組織で悪いことをしていないか調べる

不正業者の処分逃れ対策
監査中に勝手に廃業しないこと

指定・更新時の欠格事由の見直し
実は悪いことしてないよね

廃止時のサービス確保対策
廃止になったら私たちはどうすれば……

介護保険サービスの内容そのものよりも、事業者へ向けた改正でした。

2011年の改正

2011年改正のテーマ
・地域包括ケアシステムの実現（➡P.24）
・給付と負担のバランスを整える

地域包括ケアの推進
それぞれの分野で連携する

介護職員が喀痰吸引等を実施できるようにする
介護人材を活用する

介護予防・日常生活支援総合事業
配食や見守りのサービスを行う

24時間対応の定期巡回・随時対応サービスをつくる
単身でも安心して暮らせるように

高齢者住まい法の改正
サ高住のさらなる普及へ

保険料の上昇緩和
財政安定化基金を活用する

02　介護保険制度の変遷②　2008年の改正・2011年の改正

03

介護保険制度の変遷③
2014年の改正・2017年の改正

▌「社会保障と税の一体改革」に基づく改正

　2014（平成26）年の介護保険法改正は、2012（平成24）年から始まった増税などの税制改革と社会保障制度の機能の強化を同時に行う「**社会保障と税の一体改革**」に基づいて行われました。この改革を受け、改正では「**地域包括ケアシステムの構築**」と「**費用負担の公平化**」を柱として改正が行われています。地域包括ケアシステムの構築に対する取り組みは、新たな包括的支援事業が設ける「サービスの充実」と、予防給付の見直し、新しい介護予防・日常生活支援総合事業を創設する「サービスの重点化・効率化」が行われました。費用負担の公平化では、低所得者の保険料を軽減する割合を拡充する「低所得者の保険料軽減の拡充」と、一定以上の所得がある人のサービス利用料の自己負担割合を１割から２割とする「費用負担の重点化・効率化」が行われました。

▌介護保険制度の持続可能性の確保を目指して

　2017（平成29）年の介護保険法の改正は、保険者の取り組みを推進して地域包括ケアシステムの強化を図り、介護保険制度の持続可能性を高めることが求められました。これを受け、「**地域包括ケアシステムの深化・推進**」と「**介護保険制度の持続可能性の確保**」を柱として改正が行われています。地域包括ケアシステムの深化・推進では、市町村介護保険事業計画に介護予防・重度化防止を記載する「自立支援・重度化防止に向けた保険者機能の強化等の取組の推進」、**介護医療院**を創設する「医療・介護の連携の推進等」、**共生型サービス**を創設する「地域共生社会の実現に向けた取り組みの推進等」が行われました。制度の持続可能性の確保では、自己負担割合の「**３割負担の導入**」、第２号被保険者の保険料となる「介護納付金への**総報酬割の導入**」が行われました。

2014年と2017年の改正　図

2014年の改正

2014年改正のテーマ　社会保障と税の一体改革

地域包括ケアシステムの構築

介護サービスの充実

- 生活支援・介護予防サービスの充実に向けて、ボランティア等の生活支援の担い手の養成、発掘などの地域資源の開発や、そのネットワーク化などを行う生活支援コーディネーター(地域支え合い推進員)の配置などについて、地域支援事業に位置づける

サービスの重点化・効率化

- 新しい介護予防・日常生活支援総合事業の創設。2017年4月までにすべての市町村で実施する
- 予防給付(介護予防訪問介護、介護予防通所介護)を地域支援事業に移行し、多様化

費用負担の公平化

低所得者の保険料軽減

- 給付費の5割の公費とは別枠で公費を投入し、低所得の高齢者の保険料の軽減を強化

費用の重点化・効率化

- 相対的に負担能力のある一定以上の所得がある高齢者(第1号被保険者)の、自己負担割合を2割に

2017年の改正

地域包括ケアシステムの深化・推進

地域共生社会の実現に向けた取り組み

- 共生型サービスの創設
- 有料老人ホームの入居者保護等
- 介護保険適用除外施設における住所地特例の見直し

保険者機能の強化

- 保険者等による地域分析と対応
- 地域包括支援センターの機能強化
- 居宅サービスの指定等に対する保険者の関与

医療・介護の連携

- 介護医療院の創設
- 介護予防・日常生活支援総合事業等の事業の円滑な実施(都道府県による市町村への支援など)

介護保険制度の持続可能性の確保

3割負担の導入

- 一定以上の所得を有する第1号被保険者にかかる利用者負担の割合を、3割とする。月額4万4400円の負担上限あり

介護納付金への総報酬割の導入

- 第2号被保険者の保険料について総報酬割を導入
- 総報酬割:報酬額に比例して負担するしくみで、報酬額の高い組合は介護保険料が高くなり、低い組合は介護保険料が低くなる
- これに伴い、報酬の高い人は介護保険料が高くなり、報酬の低い人は低くなる

2017年改正のテーマ　制度の持続可能性を高めたい!

03　介護保険制度の変遷③　2014年の改正・2017年の改正

04
介護保険制度の変遷④
2020年の改正・2023年の改正

▶ 地域共生社会の実現を目指す改正

　2020（令和2）年の介護保険法改正は、地域共生社会の実現を図ることを目的として、**「地域共生社会の実現のための社会福祉法等の一部を改正する法律」**に基づいて行われました。この法律による改正では、包括的な支援体制を構築するために新たな事業として重層的支援体制整備事業を創設する「市町村の包括的な支援体制の構築の支援」、認知症施策の総合的な推進や地域支援事業におけるデータ活用などを行う「地域の特性に応じた認知症施策や介護サービス提供体制の整備等の推進」、介護に関連するデータ活用の環境整備を行う「医療・介護のデータ基盤の整備の推進」、国家試験が義務づけられた介護福祉養成施設卒業者の経過措置延長などの「介護人材確保及び業務効率化の取組の強化」などが行われました。

▶ 全世代型社会保障を目指して

　2023（令和5）年の改正は、これまで高齢者が中心であった社会保障制度を見直し、すべての世代を対象とし、すべての世代が公平に支え合う全世代型社会保障への改革を目的として改正が行われました。介護情報等を電子的に閲覧できるようにする「介護情報基盤の整備」、事業所に経営情報の報告を義務づける「介護サービス事業者の財務状況等の見える化」、都道府県による事業所の生産性の向上の取り組みを促進する「介護サービス事業所等における生産性の向上に資する取組に係る努力義務」、複合型サービスにおける看護機能を明確にする「看護小規模多機能型居宅介護のサービス内容の明確化」、地域包括支援センターだけではなく居宅介護支援事業所も介護予防支援を行えるようにする「地域包括支援センターの体制整備等」などが行われました。

2020年と2023年の改正 図

2020年の改正

2020年改正のテーマ
地域共生社会を実現させたい！

困難や生きづらさの多様性や複雑性に対応するため重層的支援体制整備事業が創設されました。

市町村の包括的な支援体制の構築の支援
世代や属性を問わずに相談できる！

認知症施策・介護サービス提供体制の整備
認知症の人も地域住民も共に生きる！

医療・介護のデータ基盤の整備
研究を質の高いサービスにつなげる

介護人材の確保・業務効率化の強化
ホームの設置にかかわる届出を簡単に！

2023年の改正

2023年改正のテーマ
すべての世代が公平に支えあう社会保障にしたい！

介護情報基盤の整備
介護情報を共有して、地域全体で支える

財務状況等の見える化
調査結果はみんながわかるように公表

看護小規模多機能型居宅介護におけるサービスの明確化
中重度の要介護者を支える

生産性の向上に向けた取り組み
都道府県などの地域単位で推進する

地域包括支援センターの体制整備等
居宅介護支援事業所で介護予防支援の直受けができるようになった

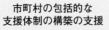

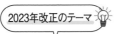

05 介護保険制度の財源

▶ 介護保険制度の運営に必要な財源

　介護保険制度を運営するのに必要な費用を**財源**といいます。介護保険制度の財源は、国や自治体からの「**公費（税金）**」、被保険者からの「**介護保険料**」、そして実際に介護保険サービスを利用した人の「**利用者負担**」によって支えられており、保険料だけではなく、公費（税金）が投入されていることが介護保険制度の財源の特徴です。介護保険制度の財源は、利用者が支払う１割（一定以上の所得を有する第１号被保険者は２割もしくは３割）の利用者負担を除いた費用に対して、公費（税金）が50％、保険料が50％と２分の１ずつ負担します。公費（税金）は、国、都道府県、市町村で負担の割合が異なり、保険料は３年ごとに第１号被保険者と第２号被保険者の人口比率で負担割合が決められます。

▶ 介護保険制度の財源の負担割合

　介護保険制度の財源はどのような割合で負担されているのでしょうか。公費（税金）の50％の内訳は、**国が25％、都道府県が12.5％、市町村が12.5％**で負担しています。ただし、施設サービスなどの費用にあたる施設等給付費については、国が20％、都道府県が17.5％、市町村が12.5％と都道府県が５％高くなっています。介護保険料50％の内訳は、2024（令和6）年から３年間については第１号被保険者が23％、第２号被保険者が27％となっています。また、給付費が予想を上回った場合や介護保険料の未納などで財源不足となった場合に備えて、介護保険制度の財源を支えるしくみとして「**財政安定化基金**」が設置されています。財政安定化基金は、都道府県が設置することになっており、財源は、国３分の１、都道府県３分の１、市町村３分の１となっています。

介護保険制度の財源 図

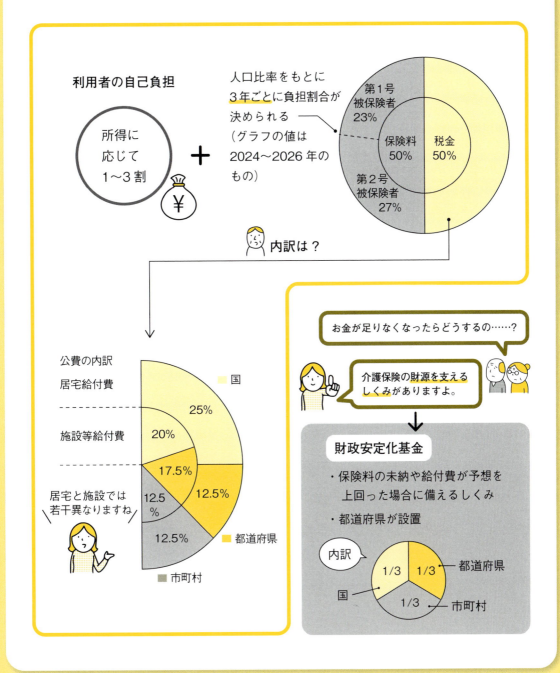

05 介護保険制度の財源

06 保険者

▶ 介護保険制度を運営する保険者とは

　介護保険制度は、社会保険のしくみを用いて介護サービスを提供します。社会保険とは、生活上のリスクに備えて、あらかじめ保険料を支払い、自分がリスクを受けた際に給付を受けるしくみです。社会保険では、保険制度を運営する実施主体を「保険者」といいます。介護保険制度において保険を運営するのは、市町村（東京都の特別区も含まれます）となっています。市町村が保険者となった理由は、介護の課題は地域ごとで異なり、地域ごとの特徴を反映できる制度にするためでした。

　ただし、小規模な市町村では、安定した運営ができないこともあることから、「広域連合」や「一部事務組合」という近隣の市町村で共同して運営することもあります。

▶ 保険者である市町村の役割

　介護保険制度における保険者としての市町村の主な役割は、次のようになります。被保険者の加入要件の確認や被保険者証の発行などの「被保険者の資格管理に関する業務」、認定調査の実施や介護認定審査会の設置などの「要介護（要支援）認定に関する業務」、償還払いや市町村特別給付などの「保険給付に関する業務」、第1号被保険者の保険料の決定や徴収などの「保険料の徴収に関する業務」、介護保険特別会計を設けて金銭の収支を行う「会計等に関する業務」、地域密着型サービス、居宅介護支援、介護予防支援などの「事業者の指定、更新、指導監督に関する業務」、市町村が主体となって実施する「地域支援事業に関する業務」、サービス量の見込みや基盤整備などを計画する「市町村介護保険事業計画の策定」などを行っています。

保険者について 図

各種社会保険

	年金保険	医療保険	介護保険	雇用保険	労災保険
保険者 保険制度を運営する	国 （厚労省等）	市町村・都道府県 企業 など	市町村	国 （厚労省）	国 （厚労省）
被保険者 保険に加入する	国民	国民	40歳 以上の人	労働者	労働者

保険料を払う ↑↓ 給付を受ける

保険者としての市町村の役割

役割業務	内容
被保険者の資格管理	被保険者が加入要件を満たしているか確認することや被保険者に被保険者証を発行する
要介護（要支援）の認定	認定調査の実施や最終的な要介護（要支援）認定の判定を行う介護認定審査会を設置する
保険給付	償還払い、市町村特別給付の実施、介護報酬の審査・支払い（国民健康保険団体連合会に委託）などを行う
保険料の徴収	第1号被保険者の保険料の決定、第1被保険者から保険料の徴収、保険料を納めない人への催促などを行う
会計	介護保険特別会計を設け、他の会計とは別に介護保険の事業に関する金銭の収入と支出を管理する
事業者の指定・更新・指導監督	地域密着型サービス事業者、居宅介護支援事業所、介護予防支援事業所の指定、更新、指導監督を行う
地域支援事業	介護予防や自立生活を営むことを目的とする地域支援事業を行う。また、地域支援事業の包括的支援事業を行うため地域包括支援センターを設置する
市町村介護保険事業計画の策定	国の基本方針に従い、3年を1期として市町村介護保険事業計画を策定する

06 保険者

07 被保険者

🟡 被保険者とは

　社会保険では、保険に加入する人のことを「被保険者」といいます。被保険者は、社会保険に加入することで、社会保険料という費用を支払うことになります。介護保険制度では、被保険者を二つに分けており、65歳以上を「第1号被保険者」、40歳以上65歳未満を「第2号被保険者」としています。つまり、40歳以上の人は、被保険者として介護保険制度に加入することになります。このように40歳以上を被保険者として設定した理由は、40歳頃から介護が必要となる可能性が高くなることはもちろんのこと、その他に、40歳以上になると自分の親も高齢者となり、介護を必要とする可能性が高くなるためです。つまり、自分の介護と自分の親の介護のためにという名目で保険料を支払うことになります。

🟡 被保険者になる条件と受給要件

　介護保険制度において被保険者になるためには、市町村内に住所があることが条件となります。その他に、第2号被保険者については、医療保険に加入していることも条件です。基本は住所がある市町村の被保険者となりますが、施設に入所もしくは入居している人については、施設がある市町村に住所を変更しても、変更前の住所地の被保険者となります。これを「住所地特例」といいます。
　介護保険サービスを受給するためには、第1号被保険者の場合、市町村の要介護（要支援）認定を受けて、要介護状態または要支援状態にあることが条件となりますが、第2号被保険者の場合、加齢に起因する16の特定疾病によって、要介護状態または要支援状態になった場合のみ介護保険サービスを受給することができます。

被保険者について 図

介護保険制度における被保険者

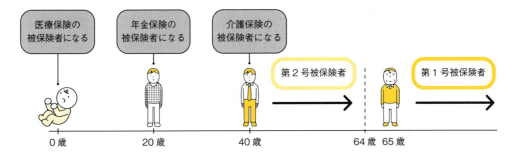

第2号被保険者の場合、16の特定疾病によって要介護（要支援）状態になると、介護保険サービスを受給することができる。

16の特定疾病

1 末期がん
2 関節リウマチ
3 筋萎縮性側索硬化症（ALS）
4 後縦靱帯骨化症
5 骨折を伴う骨粗鬆症
6 初老期における認知症
7 パーキンソン病関連疾患
8 脊髄小脳変性症
9 脊柱管狭窄症
10 早老症
11 多系統萎縮症
12 糖尿病性神経障害、腎症・網膜症
13 脳血管疾患
14 閉塞性動脈硬化症
15 慢性閉塞性肺疾患
16 変形性関節症
　　両側の膝関節または股関節に著しい変性を伴うもの

住所地特例ってどんな制度？

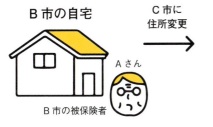

施設のあるC市に住所を変更しても、Aさんは B市の被保険者となる

08 保険給付と地域支援事業の全体像

▶ 介護保険制度における保険給付

　社会保険では、生活上のリスクの発生に対して給付を行います。これを「**保険給付**」といいます。介護保険制度におけるリスクの発生とは、**要介護状態または要支援状態**になることです。介護保険制度の保険給付は、要介護状態区分で要介護1から要介護5までの要介護状態に給付される「**介護給付**」、要支援状態区分で要支援1と要支援2の要支援状態に給付される「**予防給付**」の二つに分けることができます。さらに、保険者である市町村が独自に行う保険給付として「**市町村特別給付**」があります。市町村特別給付は、保険給付の上限となる支給限度額に市町村が独自で上乗せを行う「**上乗せサービス**」、介護給付と予防給付などの保険給付のほかに、配食サービスや紙おむつの支給など独自のサービスを設ける「**横出しサービス**」などがあります。

▶ 市町村が主体となり実施する地域支援事業

　介護保険制度では、保険給付とは別に、もう一つのサービスとして保険者である市町村が行う「**地域支援事業**」があります。地域支援事業とは、2005（平成17）年の介護保険法の改正により創設された事業で、要支援状態や要介護状態となる前から介護予防に取り組んだり、介護が必要な状態になってもできる限り自立した日常生活を営むことができるよう支援するという目的で開始されました。地域支援事業は、市町村が中心となって地域の実情に応じて行う「**介護予防・日常生活支援総合事業（総合事業）**」、地域包括支援センターの運営として行われる「**包括的支援事業**」、市町村の判断で行う「**任意事業**」の三つの事業から成り立っています。詳細は、P.112以降の項目を参照してください。

介護給付と予防給付　図

保険給付によるサービス

介護給付を行うサービス

都道府県・政令市・中核市が指定・監督を行うサービス

◎居宅サービス

[訪問サービス]
- ○訪問介護
- ○訪問入浴介護
- ○訪問看護
- ○訪問リハビリテーション
- ○居宅療養管理指導

[通所サービス]
- ○通所介護
- ○通所リハビリテーション

[短期入所サービス]
- ○短期入所生活介護
- ○短期入所療養介護

- ○特定施設入居者生活介護
- ○特定福祉用具販売
- ○福祉用具貸与
- ○住宅改修

◎施設サービス
- ○介護老人福祉施設
- ○介護老人保健施設
- ○介護医療院
- ○介護療養型医療施設

市町村が指定・監督を行うサービス

◎地域密着型サービス
- ○定期巡回・随時対応型訪問介護看護
- ○夜間対応型訪問介護
- ○地域密着型通所介護
- ○認知症対応型通所介護
- ○小規模多機能型居宅介護
- ○認知症対応型共同生活介護
- ○地域密着型特定施設入居者生活介護
- ○地域密着型介護老人福祉施設入所者生活介護
- ○複合型サービス（看護小規模多機能型居宅介護）

◎居宅介護支援

予防給付を行うサービス

都道府県・政令市・中核市が指定・監督を行うサービス

◎介護予防サービス

[訪問サービス]
- ○介護予防訪問入浴介護
- ○介護予防訪問看護
- ○介護予防訪問リハビリテーション
- ○介護予防居宅療養管理指導

[通所サービス]
- ○介護予防通所リハビリテーション

[短期入所サービス]
- ○介護予防短期入所生活介護
- ○介護予防短期入所療養介護

- ○介護予防特定施設入居者生活介護
- ○特定介護予防福祉用具販売
- ○介護予防福祉用具貸与

市町村が指定・監督を行うサービス

◎地域密着型介護予防サービス
- ○介護予防認知症対応型通所介護
- ○介護予防小規模多機能型居宅介護
- ○介護予防認知症対応型共同生活介護

◎介護予防支援

介護保険制度の全体像

介護保険制度	保険給付 （要介護・要支援者が対象）	介護給付（要介護1〜5が対象）
		予防給付（要支援1〜2が対象）
		市町村特別給付（上乗せサービスや横出しサービスなど）
	地域支援事業 （被保険者全体が対象）	介護予防・日常生活支援総合事業（総合事業）
		包括的支援事業
		任意事業

08　保険給付と地域支援事業の全体像　73

09 介護保険サービスの利用方法の全体像

🟡 介護保険サービスを利用するには

　介護保険サービスは、公的医療保険のように自分の判断で利用することはできず、要介護状態あるいは要支援状態であると判定を受けなければなりません。介護保険サービスを利用するまでには、①保険者（市町村）への申請、②認定調査、③要介護（要支援）認定、④要介護（要支援）認定の結果通知、⑤介護（介護予防）サービス計画書（ケアプラン）作成、の五つのプロセスが必要となります。

　しかし、まだ介護が必要ない人でも、**介護予防・日常生活支援総合事業（総合事業）**については、要介護（要支援）認定を受けずに、サービスを受けることが可能で、地域包括支援センターなどが実施する「**基本チェックリスト**」の質問に答えることでサービスを利用することができます。

🟡 介護保険サービスを利用するプロセス

　具体的にプロセスをみていきさます。まず、申請書に必要事項を記入し、被保険者証を添えて、保険者（市町村）に提出します。申請が受理されると保険者（市町村）から認定調査員が派遣されて認定調査が行われ、得られた結果に基づいて要介護（要支援）認定が行われます。要介護（要支援）認定は、コンピューターに入力して判定する「**一次判定**」、その判定結果を基に介護認定審査会で判定を行う「**二次判定**」から成ります。保険者（市町村）は、**介護認定審査会**の審査判定を受けて認定あるいは不認定の決定を行い、申請日から**原則30日以内に結果を通知**します。認定がおりた後、ケアプランを作成し、サービス事業所に利用の申し込みをすることで、初めて介護保険サービスを利用することができます。

介護保険サービス利用の流れ 図

介護保険サービスは自分の判断で利用できる？

いいえ、要介護（要支援）状態の判定を受ける必要があります。

1 保険者（市町村）への申請

⬇

2 認定調査 ＋ 主治医の意見書

⬇

3 要介護（要支援）認定

⬇

4 結果通知

⬇

5 ケアプランの作成

⬇

サービス事業所へ利用の申し込み

09 介護保険サービスの利用方法の全体像

10 要介護（要支援）認定

▶ 介護保険サービスを利用するのに必要な要介護（要支援）認定

　介護保険制度では、**サービスを利用するために要介護状態あるいは要支援状態であることを判定する「要介護（要支援）認定」**を受ける必要があります。要介護状態とは、入浴、排泄、食事などの日常生活において**常に介護が必要な状態**のことです。一方で、要支援状態とは、入浴、排泄、食事などの日常生活において**何らかの支障があり支援が必要な状態**です。要介護（要支援）認定を受けるためには、申請が必要であり、申請書に必要事項を記入し被保険者証を添えて、担当する課の窓口に提出します。申請は、新たに介護保険サービスを利用する「**新規申請**」、心身の状況が変化したことによる「**区分変更申請**」、有効期間を更新する「**更新申請**」があります。要介護（要支援）認定には有効期間があり、新規と区分変更が６か月（必要と認められる場合は３〜12か月）、更新が12か月（必要と認められる場合は３〜36か月）となります。

▶ 要介護（要支援）状態区分と支給限度額

　要介護（要支援）認定では、要介護（要支援）状態であるかどうかを「**要支援状態区分（要支援度）**」もしくは「**要介護状態区分（要介護度）**」として、要支援状態を要支援１と要支援２の２区分、要介護状態を要介護１から要介護５までの５区分で判定します。なお、該当しない人は、「自立」となります。介護保険サービスでは、利用者が無制限にサービスを利用することがないよう、要介護（要支援）状態区分により保険給付の費用の上限となる「**支給限度額**」を設けており、サービスを利用する際には、支給限度額内で１割（もしくは２割または３割）を利用者が自己負担します。ただし、この支給限度額は、居宅サービスの利用に適用され、施設サービスの利用には適用されません。

認定申請と支給限度額　図

要介護（要支援）認定の申請

何をする？

1. 申請書に必要事項を記入
2. 被保険者証を添える
   ・65歳以上の人
   ・40〜60歳の介護が必要な人　に交付される
3. 本人の住所がある市町村の窓口に提出する

※代理人でも可

申請の区分

	いつするもの？	有効期間
新規申請	新たに介護保険サービスを利用するとき	6か月（必要と認められる場合は3〜12か月）
区分変更申請	心身の状況が変化したとき	
更新申請	有効期間を更新するとき	12か月

要介護3〜5 かつ 直前の要介護と同じ場合は、48か月まで延長が可能です。

介護保険制度の区分支給限度基準額

要介護度	支給限度額（2024年7月現在）
要支援1	5万320円
要支援2	10万5310円
要介護1	16万7650円
要介護2	19万7050円
要介護3	27万480円
要介護4	30万9380円
要介護5	36万2170円

居宅サービスを利用した場合は、限度額の1〜3割を自己負担します。限度額を超えて利用することも可能ですが、その場合、全額自己負担となります。
施設サービスの場合、介護サービス費（1〜3割負担）＋居住費＋食費＋日常生活費となります。

10 要介護（要支援）認定

11 ケアプラン

▶ ケアプランの作成と介護支援専門員

　要介護（要支援）認定の結果、要介護状態あるいは要支援状態にあることが認められても、すぐに介護保険サービスを利用できるわけではありません。介護保険サービスを利用するためには、利用する前に**ケアプラン**（居宅サービス計画、施設サービス計画、介護予防サービス・支援計画）を作成する必要があります。ケアプランとは、<u>**介護保険サービスを利用する人やその家族の心身の状況や生活環境に応じて、支援の方針や利用するサービスを決める計画**</u>です。ケアプランは自分で作成することも可能ですが、ケアプランを作成する専門職である**「介護支援専門員（ケアマネジャー）」**に作成を依頼するのが一般的で、その際、作成費用の自己負担はありません。ケアマネジャーは、ケアプランの原案をつくり、本人や家族を含めたサービス提供事業所などの関係者が集まる**「サービス担当者会議」**を実施してケアプランを検討して決定します。

▶ ケアプランの作成を依頼する

　ケアプランの作成は、要介護状態にある利用者（要介護者）に給付される介護給付の場合、居宅サービスなら居宅介護支援事業所のケアマネジャー、施設サービスなら介護保険施設に所属するケアマネジャーがケアプランを作成します。一方で、要支援状態にある利用者（要支援者）に給付される予防給付の場合、これまでは利用者の住所地を管轄する地域包括支援センターが作成していましたが、2024年から居宅介護支援事業者と契約して作成することも可能となりました。このようにケアプランの作成を依頼し、作成したケアプランをもとにサービス提供事業所に利用の申し込みを行うことで、初めて介護保険サービスを利用することができます。

ケアプランの作成 図

介護認定がおりた！これで介護サービスを利用できる？

いいえ、サービスの利用にはケアプランの作成が必要です。

ケアプランって何？

介護サービスを利用する人に関して、心身の状況や環境に応じて支援の方針や利用するサービスを決める計画のこと

誰がつくるの？

- 原則は**介護支援専門員（ケアマネジャー）**
- 自分で作成することもできる

自分で作成するセルフケアプランによる介護サービス利用者は2018年の実績で1万8462人（延べ人数）

- 介護給付（要介護の人）の場合
  - 居宅：居宅介護支援事業のケアマネジャー
  - 施設：介護保険施設のケアマネジャー
- 予防給付（要支援の人）の場合

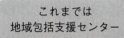
これまでは 地域包括支援センター

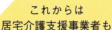
これからは 居宅介護支援事業者も

2023年の制度改正（➡P.64）で直接依頼が可能になった

どうやってつくるの？

ケアプラン原案作成

ケアマネジャーがつくります！

→

サービス担当者会議

本人を含めた関係者が集まり、ケアプランを検討して決定する

11 ケアプラン

12 介護給付と予防給付

▶ 介護保険サービスの体系

　介護保険制度における保険給付は、要介護状態区分により、要介護1から要介護5までの要介護者に給付される「**介護給付**」、要支援1と要支援2の要支援者に給付される「**予防給付**」の二つに分かれます。また、介護保険制度の保険給付は、サービス内容によって、自宅で生活を送る人に給付される「**居宅サービス**」、施設に入所もしくは入居した利用者に給付される「**施設サービス**」、サービスを提供する事業者のある市町村に住む利用者に利用が限られている「**地域密着型サービス**」の三つに分かれます。介護給付では、居宅サービス、施設サービス、地域密着型サービスのすべてが給付されますが、予防給付では、施設サービスの給付はなく、居宅サービスや地域密着型サービスも一部給付がないものがあります。

▶ 介護給付と予防給付のサービス体系

　介護給付の居宅サービスは、12種類のサービスと住宅改修、そして、主にケアプランを作成する居宅介護支援からなります。サービスを利用するためには、ケアプランの作成が必要です。施設サービスは、3種類の介護保険施設から提供されます。サービスの利用については、施設のケアプランである施設サービス計画に基づいて行われます。地域密着型サービスは、9種類のサービスからなります。
　予防給付の居宅サービスは、10種類のサービスからなります。訪問介護と通所介護がなく、この2サービスについては、介護予防・生活支援サービス事業による訪問型サービスや通所型サービスとなります。地域密着型サービスは、3種類のサービスからなります。なお、予防給付は、サービス名称の最初に「介護予防〜」がつきます。

介護保険制度における保険給付のサービス一覧　図

給付	介護給付	予防給付
対象	要介護者	要支援者
居宅サービス	①訪問介護 ②訪問入浴介護 ③訪問看護 ④訪問リハビリテーション ⑤居宅療養管理指導 ⑥通所介護 ⑦通所リハビリテーション ⑧短期入所生活介護 ⑨短期入所療養介護 ⑩特定施設入居者生活介護 ⑪福祉用具貸与 ⑫特定福祉用具販売	①介護予防訪問入浴介護 ②介護予防訪問看護 ③介護予防訪問リハビリテーション ④介護予防居宅療養管理指導 ⑤介護予防通所リハビリテーション ⑥介護予防短期入所生活介護 ⑦介護予防短期入所療養介護 ⑧介護予防特定施設入居者生活介護 ⑨介護予防福祉用具貸与 ⑩介護予防特定福祉用具販売
居宅サービス その他	①居宅介護住宅改修 ②居宅介護支援	①介護予防住宅改修 ②介護予防支援
施設サービス	①介護老人福祉施設 ②介護老人保健施設 ③介護医療院 ※介護療養型医療施設は 2024 年に廃止予定	
地域密着型サービス	①定期巡回・随時対応型訪問介護看護 ②夜間対応型訪問介護 ③地域密着型通所介護 ④認知症対応型通所介護 ⑤小規模多機能型居宅介護 ⑥認知症対応型共同生活介護 ⑦地域密着型特定施設入居者生活介護 ⑧地域密着型介護老人福祉施設入所者生活介護 ⑨看護小規模多機能型居宅介護	①介護予防認知症対応型通所介護 ②介護予防小規模多機能型居宅介護 ③介護予防認知症対応型共同生活介護

サービスの分類や関係性がわからなくなったらこのページに戻ってきましょう。

このページはふせんを貼るといいかも

12　介護給付と予防給付　81

13

居宅サービス①
訪問介護・訪問入浴介護

▶ 身体介護、生活援助などを提供する訪問介護

　訪問介護は、利用者が可能な限り自宅で自立した日常生活を送ることができるよう、介護福祉士や訪問介護員（ホームヘルパー）が自宅に訪問して行うサービスです。**ホームヘルプ**とも呼ばれています。支援内容は、排泄・食事・更衣などの直接身体に触れて行う「**身体介護**」、掃除・洗濯・調理などの家事援助を行う「**生活援助**」、通院などをするために車両への乗車、移送、降車の介助サービスを提供する「**通院等乗降介助**」などがあります。訪問介護では、利用者の家族のための家事、来客の対応など直接利用者の援助に該当しないサービスや、草むしり、ペットの世話、大掃除、正月の準備など日常生活の援助の範囲を超えるサービスなどは提供できません。訪問介護員は、医療行為を行うことはできませんが、体温の測定、血圧の測定など利用者に異常がみられない場合に限って「医療行為ではない行為」として行うことができます。

▶ 自宅の浴槽では入浴困難な人への訪問入浴介護

　訪問入浴介護（介護予防訪問入浴介護）は、自宅の浴槽では入浴するのが困難な利用者が入浴できるよう、看護職員と介護職員が利用者の自宅を訪問し、訪問入浴車などで持参した浴槽によって入浴の介護を行うサービスです。利用者の身体の清潔の保持、看護師による体調のチェック、気分転換などの効果が期待できます。訪問入浴介護を利用できる条件として、訪問介護の入浴介助支援があっても自宅での入浴が困難であること、デイサービスでの入浴が利用できないことがあります。また、訪問入浴車を1時間程度停車できるスペースがあって、ホースを自宅内に引き込み水道に接続できて、自宅内の排水口に排水できるなどの環境も必要です。

訪問介護と訪問入浴介護のポイント　図

訪問介護で提供できるサービス

身体介護
直接体に触れて行うもの

排泄　　食事　　更衣　　など

生活援助
家事にかかわる援助

掃除　　洗濯　　調理　　など

通院等乗降介助

医療行為ではない行為
（利用者に異常がみられない場合のみ）

体温測定　　血圧測定　　など

提供できないサービス
- 利用者以外の援助　　例：家族のための家事、来客対応
- 日常生活の範囲を超えるサービス　　例：草むしり、ペットの世話、大掃除

訪問入浴介護

何をする?

看護職員と介護職員とが利用者の自宅を訪問し、入浴の介護を行う。

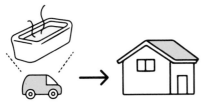

介護職員のみでも実施できるが、看護職員が入ることで定期的な体調のチェックが可能になる。

利用の条件

①入浴介助支援があっても
自宅での入浴が困難であること

②デイサービスでの入浴が
利用できないこと

③訪問入浴介護が実施できる環境が
自宅にあること
（駐車スペース、水道、排水口など）

13　居宅サービス①　訪問介護・訪問入浴介護

14 居宅サービス②
訪問看護・居宅療養管理指導

▶ 疾患のある利用者を支える訪問看護

訪問看護（介護予防訪問看護）は、利用者の心身機能の維持回復などを目的として、看護師などが疾患のある利用者の自宅を訪問し、主治医の指示に基づいて療養上の世話や診療の補助、機能訓練などを行うサービスです。支援内容は、褥瘡の処置や痰の吸引などの**「治療の補助」**、血圧、脈拍、体温などの測定、病状のチェックなどの**「状態観察」**、栄養障害や脱水を防ぐためのアドバイスを行う**「栄養管理」**、入浴介助、清拭、排泄などの介助を行う**「衛生面のケア」**、終末期にある利用者に対する**「在宅での看取り」**、歩行や嚥下機能などの訓練実施や方法などをアドバイスする**「リハビリテーション」**などがあります。なお、リハビリテーションは、訪問看護として理学療法士などが訪問して行うことができます。

▶ 療養上の指導や管理を行うサービス

居宅療養管理指導（介護予防居宅療養管理指導）は、在宅で療養している通院が困難な利用者に対して、医師、歯科医師、看護師、薬剤師、管理栄養士、歯科衛生士などが家庭を訪問し療養上の管理や指導、助言等を行うサービスです。支援内容は、それぞれの専門職で異なります。医師や歯科医師は、療養生活の質を向上させる管理や指導を行います。薬剤師は、処方薬の服薬に関する管理や副作用の説明を行います。管理栄養士は、利用者の状態に合わせた献立づくりや料理法の指導を行います。歯科衛生士は、口腔ケアや嚥下機能維持に関する指導を行います。なお、医師や歯科医師は、居宅療養管理指導のサービスで、治療などの医療行為を行うことができません。<mark>治療が必要な場合は、医療保険による訪問診療を利用する</mark>必要があります。

訪問看護と居宅療養管理指導のポイント 図

訪問看護で提供できるサービス

- 状態観察
- 治療の補助
- 栄養管理
- 衛生面のケア
- リハビリテーション
- 在宅での看取り

居宅療養管理指導

  何をする？
通院が困難な利用者に対して、各専門職が家庭を訪問し、療養上の管理や指導を行う

  役割分担

医師・歯科医師
療養生活の質を向上させるための管理や指導をする

薬剤師
服薬に関する管理や副作用の説明をする

管理栄養士
状態に合わせた献立づくりや調理法の指導をする

歯科衛生士
口腔ケアや嚥下機能維持に関する指導をする

14 居宅サービス② 訪問看護・居宅療養管理指導

15 居宅サービス③
訪問リハビリテーション・通所リハビリテーション

🟡 普段の生活の場で行う訪問リハビリテーション

訪問（介護予防訪問）リハビリテーション（以下、訪問リハという）は、利用者の状態が比較的安定しており、主治医が自宅でのリハビリテーションが必要と判断した場合に、理学療法士、作業療法士、言語聴覚士などが利用者の自宅を訪問し、主治医の指示書に基づいて心身機能の維持回復や日常生活の自立に向けたリハビリテーションを行うサービスです。支援内容は、現在の状況に関する確認、助言などの「**病状観察**」、トレーニングによる身体機能の維持や改善などの「**身体機能の改善**」、福祉用具の使用方法や生活の向上のための指導などの「**日常生活の指導**」、家族への介助方法の指導、療養生活の相談などの「**介護相談**」などがあります。訪問リハは、普段生活を送っている環境でリハビリテーションが行えるという点がメリットになります。

🟡 通いの場で行う通所リハビリテーション（デイケア）

通所（介護予防通所）リハビリテーション（以下、通所リハという）は、介護老人保健施設、介護医療院、病院、診療所などに通い、日常生活の自立を助けるために理学療法、作業療法その他必要なリハビリテーションを行って、利用者の心身機能の維持回復を図るサービスです。**デイケア**とも呼ばれています。要支援者に対する介護予防通所リハの場合、食事や入浴など日常生活上の支援や生活機能を向上させるための「**共通的サービス**」に加えて、利用者の心身の状態に応じて個別的に実施される「運動器の機能向上」「栄養改善」「口腔機能の向上」などの「**選択的サービス**」があります。通所リハのメリットは医師がいるので安心してサービスを受けられ、リハビリに必要な機器が充実していることです。

訪問リハと通所リハの違い　図

リハビリを担当する専門職

PT 理学療法士 Physical Therapist ｜ 体に障害がある人に対して、基本的な身体の能力回復を目的として訓練をする（例：立つ、座る、歩く）

OT 作業療法士 Occupational Therapist ｜ 体に障害がある人に対して、生活や仕事をするための能力回復を目的として訓練をする（例：食事、更衣、書字）

ST 言語聴覚士 Speech-Language-Hearing Therapist ｜ 聞く、話す、読む、書くなどコミュニケーションに障害がある人、食べ物の飲み込みが難しい人に対して訓練をする

訪問リハと通所リハ、何が違う？

	訪問リハ	通所リハ
サービスの提供場所	●利用者の自宅	●介護老人保健施設 など
サービス内容	●病状観察 ●身体機能の改善 ●日常生活の指導 ●介護相談	●共通的サービス 　日常生活上の支援 　例：食事、入浴 ●選択的サービス 　利用者の心身の状態によって個別的に実施される支援 　例：栄養改善、口腔機能向上
メリット	●普段生活をしている環境でリハビリができること	●医師がいるため安心してサービスを受けられる ●リハビリに必要な機器が充実している

15　居宅サービス③　訪問リハビリテーション・通所リハビリテーション

16

居宅サービス④
通所介護・療養通所介護・地域密着型通所介護

▌日帰りで通う「デイサービス」

　通所介護は、心身機能の維持や向上、高齢者の閉じこもりや生活の乱れの防止、家族の介護負担の軽減などを目的にして、介護老人福祉施設に併設されたデイサービス事業所や単独で経営されるデイサービスセンターなどに通ってもらい、日帰りで提供されるサービスです。**デイサービス**とも呼ばれています。支援内容は、食事や入浴などの日常生活上の支援、身体的機能の維持や改善を目的とした生活機能訓練、レクリエーションなどの余暇活動、口腔機能向上サービスなどがあります。なお、要支援者は、保険給付による通所介護を利用できず、市町村が実施する介護予防・日常生活支援総合事業による通所型サービスの利用となります。サービス内容、利用料、利用回数などは市町村で異なります。

▌地域密着型サービスによる療養通所介護

　通所介護には、その他に、保険者である市町村が指定する地域密着型サービスによる**療養通所介護**と**地域密着型通所介護**があります。療養通所介護は、常に看護師による観察を必要とする難病、認知症、脳血管疾患後遺症などの重度要介護者やがん末期患者を対象とした通所介護で、目的はデイサービスと同様です。サービスの提供にあたっては、医師や訪問看護ステーションとの連携が必要となります。

　地域密着型通所介護は、利用定員18人以下と小規模で行う通所介護のことです。利用定員が少数である、利用は事業所のある市町村の人に限定されている、利用料が若干高いことを除いては、通常の通所介護と支援内容などに大きな違いはありません。

デイサービスの内容 　図

通所介護

　どんなサービス？

- 利用者がデイサービス事業所などに通う「日帰り」で提供されるサービス

☑ 日常生活上の支援
☑ 生活機能訓練
☑ 余暇活動
☑ 口腔機能向上サービス
　を提供する

- 要介護の場合
  居宅サービスによる通所介護事業所
  地域密着型サービスによる通所介護
  を利用する

- 要支援の場合
  介護予防・日常生活支援総合事業による通所型サービスを利用する
  ※要支援の人が利用する保険給付（予防給付）には、通所型サービスが含まれていない

 保険給付……地域密着型サービス……なんだっけ……？

 P.81にサービス一覧があるので併せて確認してみましょう。

地域密着型サービスによる通所介護

療養通所介護
看護師の観察を必要とする重度要介護者等が対象

医師や訪問看護ステーションとの連携が必要

地域密着型通所介護
利用定員が18人以下と小規模

事業所がある市町村の人に利用が限定されている

 目的や支援内容は、居宅サービスにおけるデイサービスと同様です。

16　居宅サービス④　通所介護・療養通所介護・地域密着型通所介護

17 居宅サービス⑤
短期入所生活介護・短期入所療養介護

▍短期間の入所による介護サービス

短期入所生活介護（介護予防短期入所生活介護）は、介護老人福祉施設などの施設において、食事、入浴、その他の必要な日常生活上の支援や機能訓練などを提供するサービスです。**ショートステイ**とも呼ばれています。家族介護者を一定期間介護から解放することで介護負担を軽減するレスパイトケアが目的の一つです。

短期入所生活介護を単独で運営している「**単独型**」、介護老人福祉施設などに併設されている「**併設型**」があり、それぞれ費用が異なります。また、個室か多床室かといった部屋のタイプ、要介護度でも費用は異なります。利用できる期間は、1か月の間に2日（1泊）から30日までとなります。ただし、30日を超える場合は、途中で全額自己負担の日を入れれば、そのまま連続して利用することができます。ただし、要介護認定の有効期間の半数を超えて利用することはできません。

▍医学的管理も伴う「ショートステイ」

短期入所療養介護（介護予防短期入所療養介護）は、介護老人保健施設、介護医療院、病院、療養所などの医療提供施設において、医学的な管理のもとで、医療や機能訓練、日常生活上の支援などを提供するサービスです。短期入所生活介護と同様に家族のレスパイトケアが目的となっており、例えば、利用者本人の体調が悪化し自宅での介護が難しい場合や介護者が病気になったとき、農繁期や冠婚葬祭などで介護者が家を空けなければならないときなどに活用できます。

なお、サービス費用や利用できる期間は、短期入所生活介護（介護予防短期入所生活介護）と同様です。

ショートステイの内容　図

短期入所生活介護(ショートステイ)

どんなサービス?
- 一定期間において、利用者が介護施設に入所する
- 介護者に休息を提供したり、他の施設の入居待ちの期間に利用されたりする
- 食事、入浴など日常生活上の支援や機能訓練をする

単独型
- 短期入所生活介護を単独で運営する
- 介護スタッフや設備が充実している

併設型
- 介護施設などと併設されている
- 普段から併設の施設に通っている場合、慣れていて通いやすい

どれくらい利用できる?
- 1か月の間に2〜30日まで
  30日を超える場合は、途中で全額自己負担の日を入れれば、連続して利用できる

  ※30日を超える場合、施設が受け取る介護報酬の減算が行われる
  ※要介護認定の有効期間の半数を超えては利用できない

短期入所療養介護

どんなサービス?
医療提供施設において、医学的な管理のもと医療や機能訓練、日常生活上の支援をする

医療的ケアが必要な点以外は、基本的にショートステイと同様です。

17　居宅サービス⑤　短期入所生活介護・短期入所療養介護

18 居宅サービス⑥
特定施設入居者生活介護

特定施設入居者への介護サービス

特定施設入居者生活介護（**介護予防特定施設入居者生活介護**）は、有料老人ホーム、養護老人ホーム、軽費老人ホーム、サービス付き高齢者向け住宅などの特定施設に入居している利用者に対して、入浴・排泄・食事等の介護、その他必要な日常生活上の支援を行うサービスです。一定の基準を満たした特定施設の居室を利用者の自宅とみなすことで居宅サービスに位置づけられています。**特定施設入居者生活介護**は、その施設の職員が自ら介護する「**一般型**」と、職員は特定施設サービス計画のみをつくり、介護は外部にお願いする「**外部サービス利用型**」の二つがあります。なお、地域密着型サービスにも**地域密着型特定施設入居者生活介護**があり、入居定員30人未満の特定施設入居者生活介護は、地域密着型サービスに位置づけられています。

特定施設の種類

特定施設は、介護保険法による人員基準や設備基準など一定の基準を満たしていることが必要です。**有料老人ホーム**は、高齢者を入居させて食事の提供、介護の提供、家事の供与、健康管理のうち、いずれかのサービス（複数も可）を提供している施設です。**養護老人ホーム**は、環境上の理由や経済的な理由により自宅での生活が困難な高齢者が、市町村の措置によって入居する施設です。**軽費老人ホーム（ケアハウス）**は、家庭環境や住宅事情などの理由により居宅において生活することが困難な高齢者に対して、無料または低額な料金で入居させ、食事の提供やその他日常生活上必要な便宜を提供する施設です。**サービス付き高齢者向け住宅（サ高住）**は、安否確認や生活相談のサービスが受けられ、バリアフリー構造を有した高齢者向けの賃貸住宅です。

特定施設入居者生活介護の種類　図

特定施設入居者生活介護

どんなサービス？

- 一定の基準を満たした特定施設に入居している利用者に対して、日常生活上の支援を行う
- 特定施設を「自宅」とみなすことによって、居宅サービスに位置づけられている

一般型

施設の職員が介護をする

外部サービス利用型

職員は計画の作成のみを行う
（介護は外部に依頼する）

特定施設の種類

有料老人ホーム
食事の提供、介護の提供、健康管理などを提供している施設

養護老人ホーム
環境上の理由や経済的な理由で自宅にいることが困難な人が入居する

軽費老人ホーム（ケアハウス）
家庭環境や住宅事情などの理由で自宅にいることが困難な人が入居する
無料または定額で入居できる

サービス付き高齢者向け住宅（サ高住）
安否確認や生活相談のサービスが受けられる
バリアフリー構造である

```
┌─────────────────────────────┬──────────────────┐
│ 有料老人ホーム              │ サービス付き高齢者向け住宅 │
│                             │                  │
│          ┌──────────────────┤                  │
│          │ 特定施設入居者生活介護                │
└──────────┴──────────────────┴──────────────────┘
```

サ高住は、有料老人ホームに該当することが条件となります。

18　居宅サービス⑥　特定施設入居者生活介護

19 居宅サービス⑦
福祉用具貸与・特定福祉用具販売

▍福祉用具を貸し出すサービス

福祉用具貸与（**介護予防福祉用具貸与**）は、居宅の利用者に対して、本人が自宅で生活しやすくするために、対象となる13種類の福祉用具のなかから、必要な福祉用具の貸与（レンタル）を行うサービスです。福祉用具は高額なものもあり、貸与により利用者の状態に応じて交換ができることによって、経済的な負担を軽減することができます。福祉用具貸与の利用金額は、上限価格が決められていますが、事業所の自由設定となっており、利用者は福祉用具貸与に係る費用の１割から３割を自己負担します。

福祉用具貸与を行う事業者は、福祉用具に関する相談、利用計画の作成、福祉用具の取扱説明や点検などを行う「**福祉用具専門相談員**」を２名以上配置し、都道府県の指定を受けなくてはいけません。なお、福祉用具貸与については、要介護度によって貸与できる品目が異なることから利用にあたって注意が必要です。

▍特定福祉用具の販売

特定福祉用具販売（**介護予防特定福祉用具販売**）は、福祉用具の貸与（レンタル）になじまないものを特定福祉用具として、１割から３割の自己負担分を除いた購入費用を保険給付するサービスです。具体的には、排泄や入浴などに関する福祉用具が対象となります。購入については、福祉用具貸与と同様に都道府県から指定を受けた事業者から購入しなくてはいけません。また、購入できるのは、同一年度において10万円までとなっています。支払い方法は、まず利用者が全額を支払い、あとから保険者に申請をして自己負担分を除いた７割から９割の給付を受ける「**償還払い**」と事業者に給付の受け取りを委任する「**受領委任払い**」の二つの方法があります。

福祉用具の貸与と購入 図

福祉用具貸与の対象

①手すり	⑤車いす	⑩体位変換器
②スロープ		⑪移動用リフト
③歩行器	⑥車いす付属品	
	⑦特殊寝台	⑫排泄感知機器
④歩行補助杖	⑧特殊寝台付属品	⑬自動排泄処理装置
	⑨床ずれ防止用具	

①〜④は要支援1以上、⑤〜⑫は要介護2以上、⑬は要介護4以上で利用できます。

福祉用具専門相談員

- 福祉用具の貸与や販売を行う事業者は、必ず2名以上配置する必要がある
- 福祉用具に関する知識があるとみなされる以下の職種は、講習を受けなくてもその業務にあたることができる

保健師　看護師　准看護師　理学療法士
作業療法士　社会福祉士　介護福祉士　義肢装具士

福祉用具を購入する際の支払い方法

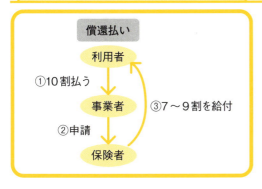

償還払い
利用者 → 事業者：①10割払う
事業者 → 保険者：②申請
保険者 → 利用者：③7〜9割を給付

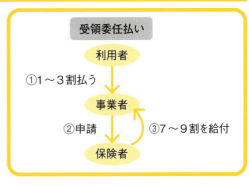

受領委任払い
利用者 → 事業者：①1〜3割払う
事業者 → 保険者：②申請
保険者 → 事業者：③7〜9割を給付

19 居宅サービス⑦　福祉用具貸与・特定福祉用具販売

20 居宅サービス⑧
住宅改修

▶自宅で暮らすために行う住宅の改修

　住宅改修（介護予防住宅改修）は、在宅の利用者に対して、介護が必要となったことで自宅の改修が必要となった場合に、本人が自宅で安全に暮らせるように小規模な住宅改修を行い、その費用を**居宅介護住宅改修費**として支給するサービスです。すべての改修に対して保険給付が行われるのではなく、手すりの取り付け、段差の解消、滑りの防止など6種類の小規模の改修が対象となります。支給限度額があり一律20万円までとなっており、住宅改修に係る費用の1割から3割まで自己負担し、**20万円を超えた分は全額自己負担**となります。支払い方法は、利用者が全額を支払い、後から保険者に申請をして給付を受ける「**償還払い**」が原則となりますが、事業者に給付の受け取りを委任する「**受領委任払い**」も可能です。また、工事を数回に分けることも可能ですが、給付は原則20万円までとなっています。しかし、要介護度が3段階（要支援は4段階）以上上がった場合や転居した場合は新たに給付を受けることができます。

▶住宅改修（介護予防住宅改修）の手続き

　介護保険制度の居宅介護住宅改修費を受給するには、改修する前に事前申請が必要となります。まず事業者に見積もりをつくってもらい、「支給申請書」「住宅改修が必要な理由書」「工事費見積書」「改修後の完成予定イメージ」の事前書類を保険者である市町村に提出します。そして、許可が下りると事業者に施工を依頼します。改修を終えたら、事後申請として、「住宅改修費の領収書」「工事費内訳書」「完成後の状態を確認できる書類（写真など）」を市町村に提出します。提出すると、改修費用の保険適用部分が利用者の口座へ振り込まれます。

住宅改修の給付と手続き　図

保険給付の対象となる住宅改修

①手すりの取り付け

②段差の解消

③滑りの解消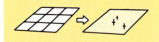

④引き戸への取り替え

⑤洋式便器への取り替え

⑥付帯して必要な工事

給付のルール

工事後に保険者から支払い 7〜9割	自己負担 1〜3割	超過分は全額自己負担

←―― 20万円まで ――→

※原則は償還払い

手続き

事前申請 → 施工依頼 → 住宅改修 → 事後申請

事前申請:
①支給申請書
②住宅改修が必要な理由書
③工事費見積書
④改修後の完成予定イメージ
を市町村に提出する

事後申請:
①住宅改修費の領収書
②工事費内訳書
③完成後の状態を確認できる書類（写真など）
を市町村に提出する

20　居宅サービス⑧　住宅改修

21 居宅サービス⑨
共生型サービス

▶ 共生型サービスの創設

共生型サービスは、高齢者と障害児者が同一事業所でサービスを受けやすくするため、介護保険法による介護保険サービスと障害者総合支援法による障害福祉サービスの両制度にまたがるサービスとして位置づけられたものです。共生型サービスが創設された背景には、障害者総合支援法による障害福祉サービスの利用者は65歳以上になると、介護保険サービスに同様のサービスがあると、介護保険サービスが優先されることがありました。そのため、障害福祉サービスの利用者は65歳以上になると、それまで使い慣れていた障害福祉サービス事業者を利用できなくなることから、見直しを求める意見が出されました。その結果、障害者が65歳以上になっても、使い慣れた事業所においてサービスを利用しやすくするために2018（平成30）年より共生型サービスが実施されました。また、共生型サービスは、福祉人材に限りがあるなかで、地域の実情に合わせて人材をうまく活用しながら適切にサービス提供を行うことも目的となります。

▶ 共生型サービスの対象となるサービス

介護保険サービス事業者が障害福祉サービスを提供する場合と、障害福祉サービス事業者が介護保険サービスを提供する場合では、人員配置基準などが異なることが課題となっていました。しかし、共生型サービスを活用すると、これまで提供していたサービスと同様の人員配置基準や設備基準による運営が可能となり、指定を受ける際の手続きも簡略化されます。また、共生型サービスの対象となるサービスは、両制度にまたがるサービスであることが条件となり、ホームヘルプサービス、デイサービス、ショートステイの3種類が対象となります。

共生型サービス 図

どうして創設されたの?
1章16（➡P.32）、3章03（➡P.62）

何が変わった?

両制度にまたがるサービスに関して、
「共生型サービスを提供できる」事業所として指定を受けられるようになった

⬇ ということは

それぞれ両方の
サービスを
提供できるようになった！

共生型サービスを活用することのメリット

利用者：障害者が65歳以上になっても、今まで利用してきた障害福祉サービスを継続利用することができる。高齢者だけでなく、障害児・者など多様な利用者がともに暮らし支え合うことで、お互いの暮らしが豊かになる

事業所：障害福祉事業所、介護保険事業所それぞれの基準を満たす必要がなくなる

地域：地域の限られた福祉人材を有効に活用することが可能となる

共生型サービスに期待されること

- 「介護」や「障害」といった枠組みにとらわれず、多様化・複雑化している福祉ニーズに対応することができる

- 人口減少社会にあっても、地域の実情に応じたサービス提供体制整備や人材確保を行うことができる

- 各地域で地域包括ケア・福祉のまちづくりを展開するためのきっかけとなる

21　居宅サービス⑨　共生型サービス

22 施設サービス①
介護老人福祉施設・地域密着型介護老人福祉施設

▶ 介護を必要とする人が生活するための施設

介護老人福祉施設は、寝たきりや認知症などで常に介護が必要であり、自宅での生活が難しい人のための長期入所型の施設です。入所により、施設サービス計画に基づいて、入浴・排泄・食事などの介護、機能訓練、健康管理、療養上の世話などが受けられます。原則として利用できるのは、要介護3以上の人となります。老人福祉法による特別養護老人ホームが、介護保険法による指定を受けることで運営を行います。**地域密着型介護老人福祉施設**は、入所定員が29名以下の小規模な介護老人福祉施設です。地域密着型サービスとなることから、施設と同一の市町村に住んでいる人が入所の対象となります。入所条件やサービス内容は、介護老人福祉施設と同様です。本体となる介護老人福祉施設をもつ「**サテライト型**」ともたない「**単独型**」の二つに分けられます。

▶ 入所条件と費用

介護老人福祉施設（地域密着型介護老人福祉施設）の入所条件は、先着順ではなく施設が開催する判定会議で必要性を考慮して入所を決定しています。判定会議で考慮される入所条件は、「65歳以上であること」「要介護度が3以上であること」「単身、家族が病弱であるなど、自宅での生活が困難であること」などがあります。また、要介護1、2でも認知症や虐待を受けているなど必要性が高い場合は「**特例入所**」があります。費用については、入所の初期費用として支払う入所一時金が必要なく、月額費用として介護を受けるための費用となる「**施設サービス費**」、家賃となる「**居住費**」、食事の費用となる「**食費**」、生活を送る上で必要となる「**日常生活費**」が必要となります。なお、施設サービス費は、従来型とユニット型、多床室と個室など居室のタイプで異なります。

介護老人福祉施設の内容と入所　図

介護老人福祉施設

- どんな施設?
- 常に介護が必要かつ、自宅での生活が困難な人のための施設
- 長期入所型

介護保険法：介護が必要な人を社会で支えるための法律
老人福祉法：高齢者の安定した生活のための法律

特別養護老人ホーム
（老人福祉法によってできた施設）

→ 介護保険法による指定を受ける

介護老人福祉施設 として運営

地域密着型介護老人福祉施設
- 入所定員が29名以下と小規模
- 施設のある市町村に住んでいる人が対象
（入所の条件や費用は介護老人福祉施設と同様）

入所の条件と費用

条件
- 65歳以上
- 要介護3以上
- 自宅での生活が困難であること　など
  ※要介護1・2でも、必要に応じて「特例入所」が可能な場合がある

費用
- 入所一時金（初期費用）はなし
- 施設サービス費
  （介護を受けるための費用）
- 居住費（家賃）
- 食費
- 日常生活費（光熱費など）

｝1か月の定額制

22　施設サービス①　介護老人福祉施設・地域密着型介護老人福祉施設

23

施設サービス②
介護老人保健施設

▶ リハビリテーションや介護を受けながら在宅復帰を目指すための施設

　介護老人保健施設は、施設サービス計画に基づいて入所者に対してリハビリテーションなどの医療サービスを提供し、<u>在宅生活への復帰を目指す施設</u>です。病院からの退院と在宅生活の復帰を結ぶ中間にある施設であることから**中間施設**とも呼ばれています。介護老人福祉施設と比較して医療体制が充実しており、入所者100人に対して1名以上の医師の常勤が義務づけられています。また、リハビリテーションの専門職である理学療法士、作業療法士、言語聴覚士のいずれかを入所者100人に対して1名以上の常勤が義務づけられ、看護・介護職員が入所者3名に対して1名（そのうち看護職員が7分の2）の常勤が義務づけられています。原則として、3か月ごとに在宅復帰が検討され、退所できると判断されると継続して入居することはできません。また、在宅復帰・在宅療養支援機能の促進が図られており、利用者の要介護度や在宅復帰率等に応じた介護報酬の加算が設けられ、在宅復帰のための施設としての役割を強めています。

▶ 入所条件と費用

　介護老人保健施設の<u>入所条件は、施設が開催する判定会議で必要性を考慮して入所を決定</u>しています。判定会議で考慮される入所条件は、「65歳以上であること」「要介護度が1以上であること」「症状が安定して入院の必要がないこと」などがあります。費用については、介護老人福祉施設と同様となり、入所の初期費用として支払う入所一時金は必要なく、月額費用として「**施設サービス費**」「**居住費**」「**食費**」「**日常生活費**」が必要となります。なお、薬代を含む医療費は、施設が負担するため、特別な診察や治療がない限り医療費が発生することはありません。

介護老人保健施設の内容と入所 図

介護老人保健施設

どんな施設?

- 入所者に対して、医療的なサービスを提供する
- 在宅生活への復帰を目指す
- 病院と自宅の中間であるため、「中間施設」とも呼ばれる

医師
1名以上

理学療法士
作業療法士
言語聴覚士
いずれか1名

入所者100名

入所者　職員
3 ： 1
(うち2/7は看護職員)

- 原則として、3か月ごとに在宅復帰が検討される

枠が埋まる前に早く利用の申し込みをしなくては！

落ち着いて

介護老人福祉施設・介護老人保健施設の入所は、先着順ではなく施設での判定会議で必要性を考慮して決定しています。

入所の条件と費用

条件

 65歳以上
 要介護1以上
　状態が安定していて、
　入院の必要がないこと

比較的、元気！

費用

- 介護老人福祉施設と同様
- 医療費は施設が負担するため特別な診察や治療がなければかからない

23　施設サービス②　介護老人保健施設

24 施設サービス③
介護医療院

▶ 医療の必要な要介護者のための長期療養施設

　介護医療院は、長期的な療養を重視した介護保険施設であった「**介護療養型医療施設**」に代わって、2018（平成30）年に創設された施設です。医療と介護のニーズを併せもち、長期的な療養を要する高齢者を対象とし、施設サービス計画に基づいて日常的な医学管理、看取り、ターミナルケアなどの医療機能と介護などの生活施設としての機能とを兼ね備えた施設です。介護医療院は、介護保険施設となりますが、医療法に基づく医療提供施設としても位置づけられています。介護医療院は、Ⅰ型とⅡ型の2種類に分けられ、Ⅰ型は、長期療養が必要である重篤な身体疾患および身体合併症のある認知症高齢者が対象となり、介護療養型医療施設相当のサービスが提供されます。Ⅱ型は、Ⅰ型と比べて状態が安定している高齢者が対象となり、介護老人保健施設以上のサービスが提供されるように人員、設備、運営基準が設定されています。なお、それまでの介護療養型医療施設は2024（令和6）年3月に廃止されました。

▶ 入所条件と費用

　介護医療院の入所条件は、「**医学的な管理が必要であること**」「**要介護度が1以上であること**」などがあります。第2号被保険者でも、特定疾患などがあり、要介護認定を受けている人は利用が可能です。費用については、介護老人福祉施設と同様となり、入所の初期費用として支払う入所一時金は必要なく、月額費用として「施設サービス費」「居住費」「食費」「日常生活費」が必要となります。施設サービス費については、Ⅰ型とⅡ型で異なり、Ⅰ型のほうが高くなります。また、従来型とユニット型、多床室と個室など居室のタイプでも異なります。

介護医療院の内容と入所 図

介護医療院

どんな施設?

- 長期的な医療を必要とする人のための施設
- 日常的な医療管理、看取り、ターミナルケアなどを行う

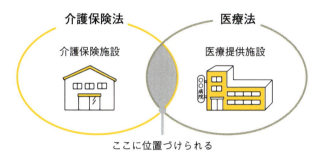

Ⅰ型
重篤な身体疾患、身体合併症のある認知症高齢者が対象

Ⅱ型
Ⅰ型と比べて状態が安定している高齢者が対象

介護療養型医療施設というのがなかったかしら……?

介護医療院が、介護療養型医療施設に代わる施設として創設されました。介護療養型医療施設は2024年3月に廃止されています。

入所の条件と費用

条件
- ☑ 医学的な管理が必要であること
- ☑ 要介護1以上

費用
- 介護老人福祉施設と同様
- 施設サービス費は、施設や居室のタイプで異なる

24 施設サービス③　介護医療院

25 地域密着型サービス①
小規模多機能型居宅介護・看護小規模多機能型居宅介護

▶「通い」「訪問」「泊まり」の多機能型サービス

　小規模多機能型居宅介護（介護予防小規模多機能型居宅介護）は、「**通い**（デイサービス）」によるサービスを中心にし、利用者の希望などに応じて、利用者の自宅への「**訪問**（ホームヘルプ）」や短期間の「**泊まり**（ショートステイ）」を組み合わせて在宅生活を支援するサービスです。登録定員は29名以下と小規模で、「通い」「訪問」「泊まり」の多機能を一つの事業所で24時間365日受けられることが特徴です。つまり、地域で暮らしながら、施設と同様のサービスを受けることができます。また、なじみの職員が「通い」「訪問」「泊まり」のすべてのサービスを提供するため、認知症の人でも混乱せずに安心感をもつことができます。なお、費用は1か月の定額制となっており、サービス利用に制限はありませんが、事業所の計画作成担当者（ケアマネジャー）が利用者の状態に合わせて、あらかじめサービスの組み合わせをケアプランとして作成します。

▶小規模多機能に看護機能を加えた複合型サービス

　看護小規模多機能型居宅介護は、小規模多機能型の「通い」「訪問」「泊まり」のほかに「訪問看護」も組み合わせたサービスです。**複合型サービス**とも呼ばれています。小規模多機能と同様のサービスのほかに、医師の指示書のもとに看護職員から医療処置を受けることができることが特徴です。退院後の在宅生活への移行、看取り期の支援、家族に対するレスパイトなど医療ニーズの高い利用者に対して、地域で暮らしながら医療処置も含めた多様なサービスを24時間365日受けることができます。

「通い」「訪問」「泊まり」の多機能型サービス　図

小規模多機能型居宅介護

 どんなサービス？

- 「通い」デイサービス
- 「訪問」ホームヘルプ
- 「泊まり」ショートステイ

一つの事業所で24時間365日
サービスを受けられる
→地域で暮らしながら
施設と同じサービスを受けられる！

メリット

なじみの職員がすべてのサービスを提供するため
認知症がある人でも混乱しにくく、安心してサービスを受けられる

看護小規模多機能型居宅介護

 小規模多機能型居宅介護のサービス

 ＋

- 訪問看護
- 看護師による医療処置
  （医師の指示によるもの）

小規模多機能型居宅介護→ショータキ
看護小規模多機能型居宅介護→カンタキ
と略されることが多いです。

25　地域密着型サービス①　小規模多機能型居宅介護・看護小規模多機能型居宅介護

26 地域密着型サービス②
定期巡回・随時対応型訪問介護看護・夜間対応型訪問介護

▶ 24時間365日を支えるサービス

定期巡回・随時対応型訪問介護看護は、日中・夜間を通じて、訪問介護と訪問看護を24時間365日必要なタイミングで柔軟に提供し、定期巡回と随時対応のサービスも行うサービスです。基本となるのは四つのサービスで、訪問介護員等が利用者宅を定期的に巡回して介護サービスを提供する「**定期巡回サービス**」、24時間365日常駐のオペレーター（看護師や介護福祉士など）が利用者などから連絡を受けて訪問を判断する「**随時対応サービス**」、オペレーターの指示に応じていつでも訪問介護員が訪問して介護サービスを提供する「**随時訪問サービス**」、医師の指示書のもとに看護職員が看護サービスを提供する「**訪問看護サービス**」を組み合わせます。一日何回でも訪問できるため、要介護度が高い人や終末期の人などが地域で暮らすために適しています。費用は1か月の定額制で、一つの事業所でサービスを提供する「一体型」と訪問介護の事業者と訪問看護の事業者が連携する「連携型」があり、訪問看護サービスの利用の有無で変わります。

▶ 夜間帯を支えるサービス

夜間対応型訪問介護は、夜間の時間帯（18時から翌朝8時）において訪問介護を行うサービスです。決められた時間に訪問介護員が訪問して介護サービスを提供する「**定期巡回**」と、利用者からの通報により随時訪問を行う「**随時対応**」の二つのサービスがあります。費用は、利用者の通報に応じて調整や対応するオペレーションセンターの設置の有無で異なります。事業所がオペレーションセンターを設置する場合、基本サービス料と訪問回数分のサービス料の合計となります。設置がない場合は、1か月の定額制となります。

24時間365日を支えるサービス 図

定期巡回・随時対応型訪問介護看護

 どんなサービス？

- 定期的な巡回または随時通報により、利用者の居宅を訪問する
  → 入浴や排泄などの介護、日常生活上の緊急時対応をする

- 利用の条件……要介護1以上
- 費用……1か月の定額制

定期巡回サービス
訪問介護員などが定期的に巡回し、介護サービスを提供する

随時対応サービス
24時間365日オペレーターが常駐
利用者・家族からの通報を受け必要に応じて訪問の判断をする

 オペレーター
 巡回・訪問
 利用者

随時訪問サービス
オペレーターの指示に応じて訪問介護員がいつでも訪問し介護サービスを提供する

訪問看護サービス
医師の指示に基づき看護職員が看護サービスを提供する

夜間対応型訪問介護

 どんなサービス？

- 夜間（18時から翌朝8時）において、訪問介護を行うサービス
- 「定期巡回」と「随時対応」の二つのサービスがある
- 費用は事業所のオペレーションセンターの有無によって異なる

27 地域密着型サービス③
認知症対応型共同生活介護・認知症対応型通所介護

認知症の人の暮らしの場

認知症対応型共同生活介護（介護予防認知症対応型共同生活介護）とは、認知症の利用者が、**グループホーム**という5人から9人の小規模の共同生活住居（ユニット）に入居し、家庭的な環境と地域住民との交流のもとで生活を送るサービスです。ユニットは、一つの事業所で2ユニットまでとされており、居室はすべて個室です。入居の条件としては、認知症の診断を受けており、要介護1以上であること、著しい精神状態や行動障害がなく、共同生活が送れることが条件です。また、地域密着型サービスであることから、入居はサービスを提供する事業者のある市町村に住む人に限定されます。要支援2の人は介護予防認知症対応型共同生活介護を利用できますが、要支援1の人は利用することができません。費用は、介護保険制度からの「介護サービス費」のほかに、居住費、食費、日常生活費がかかります。また、事業所によって初期費用として支払う入居一時金があることもあります。

認知症の人を通いの場で支援するサービス

認知症対応型通所介護（介護予防認知症対応型通所介護）は、認知症の利用者を対象とした専門的な介護を提供する通所介護のサービスです。事業所の類型として、特別養護老人ホームなどの入所施設に併設されていない「**単独型**」、入所施設に併設されている「**併設型**」、認知症対応型共同生活介護事業所などの食堂や共同生活室を利用する「**共用型**」の三つに分けられます。定員は、単独型と併設型が12名以下、共用型は1ユニットあたり3名以下となっており、定員が少ないことから手厚いサービス提供が可能となります。費用は、事業所の類型と利用時間で異なり、単独型の事業所が高くなります。

認知症の人に対するサービス 図

認知症対応型共同生活介護

どんなサービス?
- 認知症の人に対して、家庭的な環境や地域住民との交流の場を提供する
- 5～9人の小規模な共同生活住居（ユニット）

ユニットとは?
- 複数の居室と居間、台所などで構成される生活空間のこと

個室	個室	個室	個室	
共用スペース		居間		台所
個室	個室	個室		

メリット
- 自分の時間がもてる
- 共用スペースで交流ができる
- 介護スタッフの目が届きやすい

入居の条件・費用

条件

- ☑ 原則65歳以上であること
- ☑ 要介護1以上
  （要支援2の人は、介護予防認知症対応型共同生活介護を利用できる）
- ☑ 認知症の診断を受けていること
- ☑ 共同生活が送れる状態であること
- ☑ 事業所のある市町村に住んでいること

費用
- 介護サービス費
- 居住費
- 食費
- 日常生活費
- 入居一時金（事業所による）

｝ 1か月の定額制

27 地域密着型サービス③　認知症対応型共同生活介護・認知症対応型通所介護

28 介護予防・日常生活支援総合事業①

事業の概要

▶ 介護予防・日常生活支援総合事業について

介護予防・日常生活支援総合事業（以下、総合事業という）は、市町村が中心となって、地域の実情に応じて、住民等の多様な主体が参画し、多様なサービスを充実させることで、地域の支え合い体制づくりを推進し、要支援者などに対する効果的かつ効率的な支援を目指す事業です。2011（平成23）年の介護保険法の改正により、市町村の判断で介護予防や配食、見守りなどの生活支援サービスを総合的に提供するための事業として創設されました。当初は、任意事業でしたが、2014（平成26）年の改正で2017（平成29）年4月以降、すべての市町村で実施することになりました。また、同年の改正により、それまで予防給付であった介護予防訪問介護、介護予防通所介護は、総合事業に移行しました。

▶ 総合事業の内容と対象

総合事業は、①「**介護予防・生活支援サービス事業**」と②「**一般介護予防事業**」からなります。①は、**要支援者、基本チェックリスト該当者（事業対象者）**が対象で、「**訪問型サービス**」「**通所型サービス**」「**その他の生活支援サービス**」「**介護予防ケアマネジメント**」からなります。基本チェックリストは、市町村や地域包括支援センターが実施し、生活機能の低下がみられ、要支援状態となるおそれのある高齢者を早期に把握し、介護予防・生活支援サービス事業につなげて状態悪化を防ぐもので25項目から構成されています。②は、**介護が必要かどうかに限らずすべての第1号被保険者を対象**としており、「介護予防把握事業」「介護予防普及啓発事業」「地域介護予防活動支援事業」「一般介護予防事業評価事業」「地域リハビリテーション活動支援事業」からなります。

総合事業の概要 図

介護予防・日常生活支援総合事業

どんな事業？

- 市町村・住民など多様な主体が参画し、多様なサービスを充実させる
  →要支援者などに対して効果的・効率的に支援を目指す

2011年	事業創設（配食サービス・見守りなど）
2014年	介護保険法改正（➡P.62　サービスの充実）
2017年	すべての市町村で実施することに

総合事業の内容と対象

		対象	内容
総合事業	介護予防・生活支援サービス事業	要支援者 基本チェックリスト該当者	●訪問型サービス ●通所型サービス ●その他の生活支援サービス ●介護予防ケアマネジメント
	一般介護予防事業	すべての第一号被保険者	●介護予防把握事業 ●介護予防普及啓発事業 ●地域介護予防活動支援事業 ●一般介護予防事業評価事業 ●地域リハビリテーション活動支援事業

28　介護予防・日常生活支援総合事業①　事業の概要

29 介護予防・日常生活支援総合事業②
訪問型サービス・通所型サービス

訪問型サービスの概要

「介護予防・生活支援サービス事業」による**訪問型サービス**は、従来の予防給付による訪問介護に相当するものと、それ以外の多様なサービスからなります。訪問介護に相当するものは、介護保険制度の指定事業者の訪問介護員によって身体介護や生活援助などが提供されます。それ以外の多様なサービスは、「**訪問型サービスA**」「**訪問型サービスB**」「**訪問型サービスC**」「**訪問型サービスD**」からなります。A型は、緩和した基準によるサービスで、介護保険の指定事業者以外も生活援助などを提供します。B型は、住民主体によるサービスで、住民ボランティアなどが自主活動として生活援助などを提供します。C型は、短期集中予防サービスで、保健医療の専門職が居宅での相談指導を行います。D型は、移送支援でB型に準ずる事業者が移送前後の支援を行います。

通所型サービスの概要

「介護予防・生活支援サービス事業」による**通所型サービス**は、従来の予防給付による通所介護に相当するものと、それ以外の多様なサービスからなります。通所介護に相当するものは、介護保険制度の指定事業者の職員によって生活機能の訓練などが提供されます。それ以外の多様なサービスは、「**通所型サービスA**」「**通所型サービスB**」「**通所型サービスC**」からなります。A型は、緩和した基準によるサービスで、介護保険の指定事業者以外もミニデイサービス、運動・レクリエーションなどを提供します。B型は、住民主体によるサービスで、住民ボランティアにより体操、運動等の活動など、自主的な通いの場を提供します。C型は、短期集中予防サービスで、保健医療の専門職が生活機能改善のための運動器の機能向上や栄養改善などのプログラムを提供します。

訪問型、通所型サービスの概要 図

訪問型サービス（第1号訪問事業）

	種類	内容	サービス提供者
相当サービス	訪問介護	訪問介護員による身体介護・生活援助	訪問介護員
多様なサービス	A型	生活援助など	主に雇用労働者
多様なサービス	B型	住民全体の自主活動として行う生活援助	ボランティア主体
多様なサービス	C型	保健師などによる居宅での相談指導	保健・医療の専門職（市町村）
多様なサービス	D型	移送前後の支援	ボランティア主体

通所型サービス

	種類	内容	サービス提供者
相当サービス	通所介護	通所介護と同様生活機能向上のための機能訓練	通所介護事業者
多様なサービス	A型	ミニデイサービス 運動・レクリエーション	主に雇用労働者 ボランティア
多様なサービス	B型	体操・運動などの活動 自主的な通いの場	ボランティア主体
多様なサービス	C型	生活機能を改善するための運動器の機能向上や栄養改善等のプログラム	保健・医療の専門職（市町村）

相当サービスは、国が定めた基準やサービス単価に従いますが、多様なサービスは市町村が基準やサービス単価を決めて行います。

29 介護予防・日常生活支援総合事業② 訪問型サービス・通所型サービス

30 介護予防・日常生活支援総合事業③
その他の生活支援サービス等

▍その他のサービスと介護予防ケアマネジメントの取り組み

「介護予防・生活支援サービス事業」による**その他の生活支援サービス**は、栄養状態の改善を目的とした「**配食サービス**」、住民ボランティアなどが定期的な安否確認や緊急時の対応を行う「**見守り**」、訪問型サービス・通所型サービスに準じる自立支援のための「**市町村が定める生活支援**」からなります。

介護予防ケアマネジメント（→ P.140）は、要支援者などに対し、総合事業によるサービスが適切に提供できるようにするもので「ケアマネジメント A」「ケアマネジメント B」「ケアマネジメント C」からなります。ケアマネジメント A は、アセスメント、担当者会議を経る原則的なケアマネジメントです。ケアマネジメント B は、担当者会議を省略しモニタリングの間隔をあけた簡素化したケアマネジメントです。ケアマネジメント C は、B と同様でモニタリングを行わない初回のみのケアマネジメントです。

▍第1号被保険者すべてを対象とする事業

「**一般介護予防事業**」は、すべての第1号被保険者を対象として、五つの事業からなり、この事業のうち必要な事業を組み合わせて地域の実情に応じて効果的かつ効率的に実施します。「**介護予防把握事業**」は、基本チェックリストを活用して介護予防の対象者を見つけ出す事業です。「**介護予防普及啓発事業**」は、介護予防の取り組みや重要性を広く知らせる事業です。「**地域介護予防活動支援事業**」は、住民の介護予防活動の育成、支援を行う事業です。「**一般介護予防事業評価事業**」は、一般介護予防事業の成果を評価する事業です。「**地域リハビリテーション活動支援事業**」は、介護予防の取り組みを強化するためにリハビリテーション専門職による助言などを実施する事業です。

その他の総合事業の概要 　図

その他の生活支援サービス（第1号生活支援事業）

配食サービス	見守り	市町村が定める生活支援

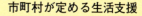

私たちは〇〇します

介護予防ケアマネジメント

どんなサービス？

要支援者などに対して、総合事業によるサービスが適切に提供できるようにするもの

ケアマネジメントA（原則的プラン）
アセスメント
↓
担当者会議
↓
モニタリング
↓
評価

ケアマネジメントC（初回のみプラン）
目標設定までを行う

ケアマネジメントB（簡略化プラン）
モニタリングの間隔が広い
担当者会議は除く

一般介護予防事業

● すべての第1号被保険者を対象とした事業

1　介護予防把握事業
2　介護予防普及啓発事業
3　地域介護予防活動支援事業
4　一般介護予防事業評価事業
5　地域リハビリテーション活動支援事業

地域の実情に合わせて組み合わせる

30　介護予防・日常生活支援総合事業③　その他の生活支援サービス等

31 包括的支援事業①
地域包括支援センターの運営事業

包括的支援事業について

　包括的支援事業は、2005（平成17）年の介護保険法の改正で、保険者である市町村が地域の特性に応じて地域包括ケア体制を整備するために、実施機関となる地域包括支援センターが運営する事業として創設されました。**包括的支援事業は、地域包括支援センターの運営としての事業と社会保障を充実させるための事業からなります**。地域包括支援センターの運営としての事業は、「第1号介護予防支援業務」「総合相談支援業務」「権利擁護業務」「包括的・継続的なケアマネジメント支援業務」の四つからなります。

地域包括支援センターの運営事業

　まず一つめの「**第1号介護予防支援業務**」は、介護予防ケアマネジメントとも呼ばれ、要支援1や要支援2の要支援者や基本チェックリスト該当者である事業対象者に対して相談支援や介護予防ケアマネジメントを実施する事業です。二つめの「**総合相談支援業務**」は、住民の各種相談を幅広く受けて、適切な地域のサービスや適切な機関や制度につなげていく制度横断的な支援を実施する事業です。三つめの「**権利擁護業務**」は、住民の権利を守るために、高齢者虐待への対応や消費者被害の防止、判断能力が不十分な人の財産管理や身上保護などを行う成年後見制度の活用などに対応する事業です。四つめの「**包括的・継続的なケアマネジメント支援業務**」は、地域の介護支援専門員（ケアマネジャー）の業務を支援することや困難なケースなどに対して介護支援専門員からの相談に応じ、助言・指導を行う事業です。また、介護支援専門員同士のネットワークの構築も行います。

地域包括支援センターの仕事① 図

そもそも

- 地域包括支援センターは何をするところ？
  → 包括的支援事業を運営するところ

地域包括支援センターの運営

＋

社会保障の充実

→ P.120へ

①第1号介護予防支援業務
（介護予防ケアマネジメント）

要支援者や基本チェックリスト該当者である事業対象者に対して、相談支援や介護予防ケアマネジメント（➡P.140）を実施する

②総合相談支援業務

住民の相談を幅広く受け入れる
→地域のサービスや適切な制度につなげる制度横断的な支援

③権利擁護業務

住民の権利を守るための対応をする
例：高齢者虐待への対応
　　消費者被害の防止
　　成年後見制度の活用

④包括的・継続的なケアマネジメント支援業務

地域の介護支援専門員（ケアマネジャー）と連携し、困難なケースの対応などを行う
ケアマネジャー同士の関係構築も行う

2023年の改正で②の総合相談支援業務は、居宅介護支援事業所への委託が可能になりました。

31　包括的支援事業①　地域包括支援センターの運営事業

32 包括的支援事業②
社会保障充実分

▶ 包括的支援事業（社会保障充実分）について

　包括的支援事業は、2014（平成26）年の介護保険法の改正で新たな包括的支援事業が設ける「サービスの充実」が行われました。これは、2012（平成24）年からの「社会保障と税の一体改革」による増税に伴うもので、地域包括ケアシステムの構築に対する取り組みとして、地域支援事業を再構築し、充実させるために、包括的支援事業に社会保障充実分の事業が新たに創設されました。社会保障充実分の事業は、「在宅医療・介護連携推進事業」「生活支援体制整備事業」「認知症総合支援事業」「地域ケア会議推進事業」の四つからなります。

▶ 包括的支援事業（社会保障充実分）の内容

　まず「**在宅医療・介護連携推進事業**」は、医療と介護の両方を必要とする高齢者が住み慣れた地域で安心して暮らしを続けることができるよう、在宅医療と介護保険サービスを一体的に提供するため在宅医療に関する医療機関と介護保険サービスの事業者の連携を推進する事業です。次に「**生活支援体制整備事業**」は、住み慣れた地域で安心して暮らし続けることができるよう、地域の支え合いを推進する**生活支援コーディネーター**の配置や地域で高齢者を支援するさまざまな関係者が集まる**協議体**を設置する事業です。「**認知症総合支援事業**」は、保健、医療、福祉に関する専門的な知識を有する者により初期の認知症の悪化防止のための支援や認知症の人やその疑いのある人に対する総合的な支援を行うための事業です。最後の「**地域ケア会議推進事業**」は、高齢者個人に対する支援の充実と、それを支える地域の基盤の整備を同時に進めていく**地域ケア会議**を推進するための事業です。

地域包括支援センターの仕事② 図

社会保障充実分

①在宅医療・介護連携推進事業

医療と介護両方を必要とする高齢者に双方のサービスを提供するため、情報共有や必要な研修を行う

例：入退院時連携ルールの作成

②生活支援体制整備事業

- 生活支援コーディネーターの配置
- 協議体の設置

③認知症総合支援事業

- 認知症初期集中支援チームの設置による認知症の早期診断・対応
- 認知症地域支援推進員による相談対応

例：認知症カフェの普及

④地域ケア会議推進事業

市町村の努力義務として定められている地域ケア会議の実施を促進する

※地域ケア会議：
医療・介護の他職種が協働して、個別事例の検討を行い、地域のネットワークを構築したり、ケアマネジメントの実践力を高めていったりするもの

32 包括的支援事業② 社会保障充実分　121

33 任意事業

任意事業について

　任意事業は、地域の高齢者が住み慣れた地域で安心してその人らしい生活を継続していくことができるよう、介護保険事業の運営の安定化を図ることや現に介護をされている家族への支援など、**保険者である市町村の判断で地域の実情に応じて必要な支援を行う事業**です。任意事業としては、「介護給付費適正化事業」「家族介護支援事業」「その他の事業」などがあります。

任意事業の内容

　「**介護給付費適正化事業**」は、過剰、不適切なサービス提供により保険給付が増えることや介護保険料が高くなることを防ぎ、介護給付費の適正化を行う事業です。居宅介護支援事業者などに委託した要介護認定の点検を行う「**認定調査状況チェック**」、介護支援専門員が作成したケアプランを確認する「**ケアプランの点検**」、利用者や家族に対してサービスの請求状況や費用などについて通知する「**介護給付費通知**」などがあります。「**家族介護支援事業**」は、介護が必要な人を介護している家族に対する事業です。適切な介護知識や技術、外部サービスの適切な利用方法の習得などを内容とした「**介護教室の開催**」、地域における認知症高齢者の見守り体制の構築を目的とした「**認知症高齢者見守り事業**」、家族の身体的、精神的、経済的負担の軽減を目的とした「**家族介護継続支援事業**」などがあります。「**その他の事業**」としては、「成年後見制度利用支援事業」「福祉用具・住宅改修支援事業」「認知症対応型共同生活介護事業所の家賃等助成事業」「認知症サポーター等養成事業」「重度のALS患者の入院におけるコミュニケーション支援事業」「地域自立生活支援事業」などがあります。

任意事業の内容　図

どんな事業？
保険者である市町村の判断で、地域の実情に応じて必要な支援を行う

介護給付費適正化事業
介護給付が過剰に増えたり、保険料が高くなりすぎたりするのを防ぐことを目的に行われる事業

認定調査状況チェック	ケアプランの点検	介護給付費通知

家族介護支援事業
介護が必要な人の家族を支えるための事業

介護教室の開催	認知症高齢者見守り事業	家族介護継続支援事業

その他の事業

- 成年後見制度利用支援事業
- 認知症対応型共同生活介護事業所の家賃等助成事業
- 重度のALS患者の入院におけるコミュニケーション支援事業
- 福祉用具・住宅改修支援事業
- 認知症サポーター等養成事業
- 地域自立生活支援事業

33　任意事業

第3章参考文献

- 厚生労働省「2015年の高齢者介護－高齢者の尊厳を支えるケアの確立に向けて」
- 介護福祉士養成講座編集委員会編「最新介護福祉士養成講座2 社会の理解 第2版」中央法規出版、2022.
- 一般財団法人厚生労働統計協会「国民の福祉と介護の動向2023/2024」一般財団法人厚生労働統計協会、2023.
- 厚生労働省「地域共生社会の実現のための社会福祉法等の一部を改正する法律の概要」
- 厚生労働省「介護保険制度の見直しに関する参考資料」
- 厚生労働省「給付と負担について（参考資料）」
- 厚生労働省「2019年度介護報酬改定について」
- 厚生労働省「公表されている介護サービスについて」
- 「ケアマネジャー」編集部編「プロとして知っておきたい！ 介護保険のしくみと使い方―2021年介護保険改正対応」中央法規出版、2021.
- 厚生労働省「共生型サービス」
- 厚生労働省「共生型サービスの概要」
- 厚生労働省「介護予防・日常生活支援総合事業ガイドライン（概要）」
- 厚生労働省「訪問型サービスの例、通所型サービスの例、一般介護予防事業（関連するもの）」
- 厚生労働省「一般介護予防事業等について」
- 厚生労働省「『地域支援事業の実施について』の一部改正について」

第 4 章

介護保険サービスの使い方と費用負担

01
介護保険制度の対象者・被保険者証

介護保険制度の対象者

　介護保険制度の対象者は、40歳以上の人となります。40歳になると介護保険制度の被保険者となり介護保険料を支払います。年齢で被保険者が区分されており、65歳以上の人は**第1号被保険者**、40歳以上65歳未満で医療保険に加入している人は、**第2号被保険者**となります。介護保険サービスの利用は被保険者の区分で異なり、第1号被保険者は、要介護（要支援）認定を受けて、要介護（要支援）状態であることが認められると、どのような疾病が起因であっても介護保険サービスを受けることができます。

　一方、第2号被保険者は、要介護（要支援）認定を受けて、要介護（要支援）状態であることが、初老期における認知症や脳血管疾患など老化に起因する**16の特定疾病**（➡P.71）による場合に限り、介護保険サービスを利用することができます。

介護保険被保険者証について

　介護保険被保険者証は、要介護（要支援）認定の申請や介護保険サービスの利用に必要不可欠な書類です。第1号被保険者は、65歳になると保険者である市町村から交付されます。第2号被保険者は、要介護（要支援）認定を受けて要介護（要支援）状態であることが認められると交付されます。介護保険被保険者証は有効期限がありません。紛失などして介護保険被保険者証の再発行を希望する場合は、市区町村の窓口で再交付手続きを行います。介護保険被保険者証は、（一）、（二）、（三）の三つからなり、（一）は被保険者の氏名、住所、生年月日などが記載されます。（二）と（三）は、要介護（要支援）認定や事業対象者となった場合に、要介護状態区分、認定した年月日、認定の有効期間、1か月に利用できる居宅サービスの単位数などが記載されます。

介護保険制度の対象者 図

介護保険制度の対象者

 覚えてる？

	第1号被保険者	第2号被保険者
年齢	65歳以上	40～64歳（医療保険に加入）
介護保険サービスを受ける条件	要介護認定を受けること	特定疾病によって要介護状態になっていること

特定疾病とは？
特定疾病は、心身の加齢と関係が認められる疾病のことで次の要件を満たすことが必要となる
① 65歳以上の高齢者に多く発生し、40歳以上65歳未満の年齢層においても発生が認められ、加齢との関係が認められる疾病
② 3～6か月以上継続して要介護状態または要支援状態となる割合が高いと考えられる疾病

介護保険被保険者証

 いつ交付される？

第1号被保険者：65歳になったとき
第2号被保険者：要介護（要支援）認定を受けたとき

- 氏名
- 住所
- 生年月日
- 要介護（要支援）認定
- 認定の有効期間
- 1か月に利用できる居宅サービスの単位数

などが記載されている

01 介護保険制度の対象者・被保険者証

02 介護保険料

▶ 第1号被保険者の介護保険料

　介護保険制度の被保険者は、介護保険料を支払うことで、介護が必要となると介護保険サービスを受けることができるようになります。介護保険料は、第1号被保険者と第2号被保険者で決め方が異なります。**第1号被保険者の場合、保険者（市町村）ごとに介護保険料を決めていきます**。各保険者は介護保険料の基準額を示し、前年度の所得に応じて原則**13段階で設定**します。所得が高い人は基準額より高くなり、所得が低い人は基準額より低くなります。介護保険料の徴収方法は、第1号被保険者の場合、年金額が一定額（年額18万円）以上の人は、介護保険制度の保険者（市町村）によって年金から天引きされます。このように年金から天引きされることを「**特別徴収**」といい、ほとんどの第1号被保険者が特別徴収となります。それ以外の人に対しては、納入通知書による「**普通徴収**」が行われます。

▶ 第2号被保険者の介護保険料

　第2号被保険者の介護保険料の決め方は、まず**厚生労働省が全国平均の1人あたりの負担額を計算し、医療保険の保険者が介護保険料と医療保険料を一緒に徴収します**。自営業者などが加入する国民健康保険の場合、人数に応じて保険料を決めますが（**加入者割**）、会社員や公務員などが加入する被用者保険の場合、加入する人の給与と賞与を合計した総報酬額に応じて保険料を決める「**総報酬割**」が導入されています。医療保険の保険者は、医療保険料と一緒に徴収した介護保険料を「**介護給付費・地域支援事業支援納付金**」として社会保険診療報酬支払基金に納め、そこから介護保険の保険者に「**介護給付費交付金**」として引き渡されます。

保険料の徴収と決め方　図

介護保険料の徴収方法

対象	徴収方法
年金受給額が18万円／年以上の人	特別徴収 年金から保険料の額が天引きされる方法
年金受給額が18万円／年未満の人	普通徴収 納入通知書による方法
会社員・公務員	職場で加入している健康保険と併せて徴収
自営業者	国民健康保険と併せて徴収

第1号被保険者の介護保険料

●所得に応じて原則13段階

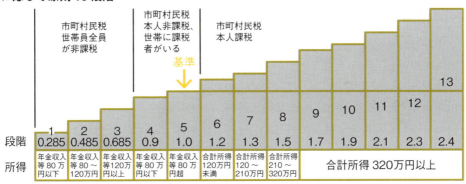

段階	1	2	3	4	5	6	7	8	9	10	11	12	13
	0.285	0.485	0.685	0.9	1.0	1.2	1.3	1.5	1.7	1.9	2.1	2.3	2.4
所得	年金収入等80万円以下	年金収入等80〜120万円	年金収入等120万円以上	年金収入等80万円以下	年金収入等80万円超	合計所得120万円未満	合計所得120〜210万円	合計所得210〜320万円	合計所得320万円以上				

- 市町村民税世帯員全員が非課税（段階1〜3）
- 市町村民税本人非課税、世帯に課税者がいる（段階4〜5、基準）
- 市町村民税本人課税（段階6〜13）

第2号被保険者の介護保険料

保険料の決め方

● 会社員・公務員
  総報酬割：加入する人の給与と賞与を合計した「総報酬額」に応じて保険料を決める

● 自営業
  加入者割：加入する人の人数によって保険料が決まる

総報酬額 ＝ 給与 ＋ 賞与

02　介護保険料

03 地域包括支援センターと居宅介護支援事業所

🟡 要支援者に対する介護予防支援を行う地域包括支援センター

　地域包括支援センターは、地域において保健、福祉、医療などさまざまな分野から総合的に高齢者の生活をサポートする拠点となる機関です。地域包括支援センターには、<u>「保健師」「社会福祉士」「主任介護支援専門員」の3専門職を配置する</u>ことが原則となっており、それぞれが有する専門知識や技術を活かしつつ、相互に連携、協働していく体制づくりやチームアプローチを行います。また、地域包括支援センターは、要支援者に対する介護予防支援の事業者にもなります。介護予防支援は、要支援状態にある利用者が、介護予防サービスなどを適切に利用できるよう、心身の状況、置かれている環境、本人や家族の希望などに応じて介護予防サービス計画を作成するとともに、サービス事業者との連絡調整を行います。なお、これまで介護予防支援の指定対象は、地域包括支援センターのみでしたが、2024年より地域包括支援センターの業務負担軽減を目的に、指定対象が居宅介護支援事業者まで拡大されました。

🟡 要介護者に対する居宅介護支援を行う居宅介護支援事業所

　居宅介護支援事業所は、要介護状態にある利用者が居宅サービスなどを利用しながら自宅で生活できるよう、<u>**介護保険サービスの居宅介護支援を行う事業所**</u>です。居宅介護支援では、事業所に配置されている「**介護支援専門員（ケアマネジャー）**」が、要介護状態にある利用者の心身の状況、置かれている環境、本人・家族の希望などを聞き取り、統合的に判断して**居宅サービス計画（ケアプラン）**を作成し、そのケアプランに基づいて介護保険サービスを提供する事業者との連絡調整などを行います。

包括を支える職種と連携 図

地域包括支援センターを支える職種

- 介護予防ケアマネジメント業務

保健師

業務の詳細は ➡P.118へ

- 権利擁護業務
- 包括的・継続的ケアマネジメント支援業務

- 総合相談支援業務

社会福祉士

連携

主任介護支援専門員

居宅介護支援事業所との連携

地域包括支援センター		居宅介護支援事業所
2023年の制度改正で介護予防支援の指定対象となった！		
業務の分担による業務負担の軽減		
●要支援者に対する介護予防支援の事業者 ●該当地域に住むすべての65歳以上の高齢者	対象	●要介護者に対する居宅介護支援
→ 3章 31. 32 ➡P.118~121	業務	●ケアプランの作成 ●モニタリング・プランの練り直し ●関係機関との連携　など

03 地域包括支援センターと居宅介護支援事業所　131

04

要介護（要支援）認定のしくみと手順① 認定調査

▶ 要介護状態あるいは要支援状態の判定となる要介護（要支援）認定

　介護保険サービスを利用するには、要介護状態あるいは要支援状態である**要介護（要支援）認定**の判定を受けなくてはいけません。要介護（要支援）認定は、保険者（市町村）に申請をします。申請は、本人に代わって、家族や親族、成年後見人、民生委員、地域包括支援センターなどが申請することも可能です。申請が受理されると、保険者（市町村）から認定調査員が派遣されて「**認定調査**」が行われます。**認定調査員**は、新規の認定調査の場合、市町村の職員が行います。更新や要介護度に変更があった場合は、居宅介護支援事業者や介護保険施設などの職員で研修を修了した人が行うことも可能です。認定調査は、原則として1名の認定調査員が日頃の状況を把握できる場所に訪問して実施します。

▶ 要介護（要支援）認定の認定調査

　認定調査の方法については、全国共通の調査票を用いて行われます。調査票の内容は、「**概況調査**」「**基本調査**」「**特記事項**」の三つで構成されています。「**概況調査**」は、調査実施者、調査対象者、現在受けているサービスの状況などの基本情報です。「**基本調査**」については、次の要介護（要支援）認定における一次判定に直接影響するものとなります。基本調査の調査項目は、「身体機能・起居動作」「生活機能」「認知機能」「精神・行動障害」「社会生活への適応」「特別な医療」、「日常生活自立度」の7群から構成されており各群には「**特記事項**」を記入する欄があります。さらに、認定調査と並行して、申請者の主治医に、「**主治医意見書**」の提出を求めます。もし、主治医がいない場合は、市町村が指定する医師の診察を受けなくてはなりません。

要介護認定の基本調査 図

基本調査、どんなことをする？

項目	内容
身体機能 起居動作	高齢者が生活していく上で必要とされる基本的な生活動作 例：麻痺の有無、寝返り、立位、視力、お風呂で全身洗えるか など
生活機能	日常生活で行う動作や、外出頻度などの生活活動 例：歯磨き、飲み込み、更衣、乗り降りの動作 など
認知機能	意思の伝達、場所の理解などの認知機能 例：毎日の日課を理解しているか、外出して戻れないことがあるか など
精神・行動障害	精神状態や普段の行動について 例：事実と異なることを話すか、感情の不安定さがあるか など
社会生活への適応	例：薬の内服、金銭管理、集団への適応 など
特別な医療	過去14日に受けた特別な医療の有無 例：点滴の管理、中心静脈栄養、透析、酸素療法 など
日常生活自立度	障害高齢者の日常生活自立度（寝たきり度） 認知症高齢者の日常生活自立度

04 要介護（要支援）認定のしくみと手順① 認定調査

05

要介護（要支援）認定のしくみと手順② 実施・通知

▶ 要介護（要支援）認定の実施

認定調査の結果は、要介護（要支援）認定を行うためにコンピューターに入力されます。これを「**一次判定**」といいます。コンピューターに入力されたデータから**要介護認定等基準時間**が計算され、要介護認定等基準時間をもとに要介護（要支援）認定が行われます。要介護認定等基準時間とは、介護に要する1日の時間として予測される時間です。要介護（要支援）認定は、一次判定だけでは終わらず、この一次判定の結果に、特記事項と主治医意見書を合わせて「**介護認定審査会**」に審査判定を求めます。これを「**二次判定**」といいます。介護認定審査会は、市町村に設置され、最終的な要介護（要支援）認定について審査判定を行います。委員は、保健、医療、福祉に関して高い知識をもった者のなかから市町村長が任命し、要介護状態あるいは要支援状態に該当するか、該当するときには、どの程度の介護が必要であるのか審査判定を行います。

▶ 要介護（要支援）認定の結果の通知

保険者である市町村は、介護認定審査会の審査判定の結果を受けて、認定あるいは不認定の決定を行います。**この決定の通知は、申請日から原則30日以内に行うことになっています。**もし、それを超えてしまう場合は、あらかじめ文書で通知しなくてはなりません。また、この**要介護（要支援）認定の結果については、申請日に遡っても有効**となります。つまり、申請者は、結果の通知が来るまでサービス利用を控える必要はなく、申請後すぐに介護保険サービスを利用できるしくみとなっています。なお、要介護（要支援）認定の結果を受ける前にサービス利用した場合は、全額を自己負担し、要介護認定後に保険者に申請して現金の払い戻しを受ける**償還払い**となります。

要介護認定の実施と結果の通知　図

要介護認定の実施

一次判定における要介護認定等基準時間

要介護度	要介護認定等基準時間
自立	25分未満
要支援1	25分以上32分未満
要支援2	32分以上50分未満
要介護1	
要介護2	50分以上70分未満
要介護3	70分以上90分未満
要介護4	90分以上110分未満
要介護5	110分以上

要介護認定の申請、自己負担については、➡P.76へ

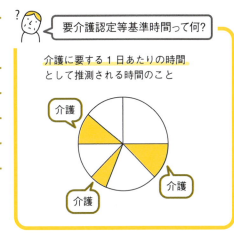

要介護認定等基準時間って何？

介護に要する1日あたりの時間として推測される時間のこと

要介護認定の結果の通知

申請　↓　審査　↓　通知

30日以内
（30日を超える場合はあらかじめ文書で通知する）

要介護認定の結果は、申請日に遡っても有効

ということは

介護保険サービスは申請後すぐに利用することも可能
※その場合の費用は償還払い（➡P.94）

原則はケアプランを作成してからの利用ですが、急遽サービスを利用することになった場合はこの制度を利用することができます。

05　要介護（要支援）認定のしくみと手順②　実施・通知

06
ケアマネジメント①
プロセスの概要

ケアプランを作成するための支援方法とプロセス

　介護保険サービスを利用するためには、利用する前にケアプランを作成する必要があります。ケアプランでは、利用者が適切に介護保険サービスを利用して生活課題（ニーズ）を充足するため、多様なサービスを調整していきます。そして、このような支援方法を「**ケアマネジメント**」と言います。ケアマネジメントとは、利用者の生活課題（ニーズ）を充足するために、多様なサービスを調整し、継続的にモニタリングを行いながら、必要に応じてサービスの再調整を行う支援方法です。介護保険制度におけるケアマネジメントのプロセスでは、「利用者の状態の把握（**アセスメント**）」「ケアプランの原案の作成（**プランニング**）」「**サービス担当者会議**の開催」「利用者・家族に対する**説明**、文書による**同意**」「**モニタリング**」の順に進みます。

ケアマネジメントにおけるアセスメント

　ケアマネジメントにおける「利用者の状態の把握（アセスメント）」では、事前に利用者との面接から得ておいた支援依頼の状況と利用者の実際の生活状況を照らし合わせ、解決すべき生活課題（ニーズ）を把握し、考えられる必要な支援内容を検討していきます。アセスメントでは、利用者の介護にかかわる項目だけではなく、利用者の生活全般を包括的にとらえて、各項目の全体的な関連性を考慮しながらアセスメントを行います。なお、ケアプランのアセスメントでは、アセスメントする項目について介護支援専門員の個人的な判断による偏りを避けるため、厚生労働省が提示した課題分析標準項目を用います。**課題分析標準項目**は、「基本情報に関する項目」9項目と「課題分析（アセスメント）に関する項目」14項目の23項目からなります。

ケアマネジメントのプロセス 図

ケアマネジメントとは？
- 利用者が適切な介護を受け、生活課題を充足させるために多様なサービスを調整していく支援方法のこと

ケアマネジメントのプロセス概要

アセスメント
- 利用者の状態を把握すること
- 自立する上での課題・ニーズを抽出すること

↓

プランニング
- ケアプランの原案を作成する
- ケアマネジャーが作成する
- 利用者が望む生活を送ることを目的に作成する

↓

サービス担当者会議
- ケアマネジャーを中心として、支援にかかわる多職種が集まる
- 利用者の状態やニーズを共有し、ケアプランの内容を検討する

↓

説明・同意
- 利用者やその家族に対して、ケアプランの内容を説明する
- 文書で同意を得る

↓

モニタリング
- ケアプランが実情に適したものかを評価する
- 新たな生活目標を確認する

06 ケアマネジメント① プロセスの概要　137

07

ケアマネジメント②
プロセスの実施とPDCA

▶ ケアマネジメントにおけるプランニング

　ケアマネジメントにおける「ケアプランの原案を作成（プランニング）」では、アセスメントで得られたニーズに基づいて、今後の目標と課題を検討し、必要な支援の方法やサービスを組み入れたケアプランを作成します。**プランニング**では、まず、利用者に対する総合的な援助方針を設定し、その方針に基づいてニーズに対する目標を設定します。ケアプランの目標では、ニーズに対する援助の到達点となる**長期目標**（約6か月〜1年）を設定し、それを達成するための**短期目標**（約3か月程度）を一連のつながりをもって設定します。そして、その目標を達成するために必要なサービス種別や回数等を計画していきます。

▶ ケアマネジメントにおけるケアプランの実施とモニタリング

　ケアプランの原案が作成されると**サービス担当者会議**を開催します。「サービス担当者会議の開催」では、利用者から合意を得られたアセスメント結果やケアプランの原案について、実際にサービスを提供する介護サービス事業者と情報を共有し、それぞれ専門的な観点から意見を出し合いケアプランの内容を高め、最終的な合意をしていきます。そして「利用者・家族に対する説明、文書による同意」では、立案したケアプランについて説明をし、利用者本人や家族から合意を受けて、サービス提供機関との連絡や調整を完了するとケアプランが実施されます。ケアプランが実施された後に、定期的にサービスが円滑に提供されているか、利用者のニーズは満たされているのか「**モニタリング**」を行い、利用者の状況やニーズに変化が見られる場合は、再アセスメントを行い、必要に応じてケアプランを変更します。

アセスメントとプランニング 図

ケアマネジメントにおけるアセスメントとプランニング

―――― アセスメント ――――　　　―――― プランニング ――――

支援依頼

実際の生活

 解決すべき生活課題を抽出する → 今後の目標と課題を検討する → 必要な支援内容を検討する → 必要な支援を組み入れた「ケアプラン」を作成する

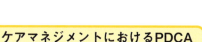

ケアマネジメントにおけるPDCA

PDCAとは、
Plan ⇒ Do ⇒ Check ⇒ Action
のこと

アセスメント
サービス担当者会議
ケアプラン作成

これにケアマネジメントをあてはめると……

P：アセスメント・サービス担当者会議・ケアプラン作成
D：ケアプランの実施
C：モニタリング
A：再アセスメント

繰り返して生活の充足を目指す！

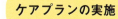

07 ケアマネジメント② プロセスの実施とPDCA　139

08 介護予防ケアマネジメント

▎介護予防ケアマネジメントについて

介護予防ケアマネジメントは、要支援者や基本チェックリスト該当者（事業対象者）を対象に実施されるケアマネジメントです。 **介護予防・日常生活支援総合事業（総合事業）** の「介護予防・生活支援サービス事業」に位置づけられており、原則として地域包括支援センターの専門職によって提供されます。従来のケアマネジメントと考え方や方法は異なりませんが、要介護状態になることをできる限り防ぐ「健康の保持増進」や要介護状態になっても状態がそれ以上に悪化しないようにする「改善・維持・悪化の遅延を図る」など、具体的に「**介護予防**」を目標にするという点で異なります。

▎介護予防・日常生活支援総合事業（総合事業）における介護予防ケアマネジメント

介護予防・日常生活支援総合事業（総合事業）における介護予防ケアマネジメントは、「ケアマネジメントA」「ケアマネジメントB」「ケアマネジメントC」からなります。すべての介護予防ケアマネジメントにおいてアセスメントを実施し、アセスメントにより導き出した課題を利用者と共有し、本人の意欲を引き出して目標を設定します。A型は、原則的な介護予防ケアマネジメントです。介護予防サービス計画の作成などの介護予防支援と同様に、要支援者に対してアセスメントからモニタリングまで従来のケアマネジメントを行います。B型は、簡略化した介護マネジメントです。サービス担当者会議を省略し、必要に応じて間隔をあけたモニタリングを実施する簡略化したプロセスで行います。C型は、初回のみの介護予防ケアマネジメントです。目標設定や利用サービスの選定までは、利用者と地域包括支援センターなどが相談しながら実施します。その後は、利用者自身が目標達成に向けて取り組んでいきます。

介護予防ケアマネジメント 図

どんな事業?

- 要支援者・基本チェックリスト該当者を対象に実施されるケアマネジメント
- 介護予防・日常生活支援総合事業に位置づけられている
- 要介護者へのケアマネジメントと考え方や方法は同様だが、「介護予防」を目的としている点が異なる

関連項目 ➡P.116

ケアマネジメントの過程

ケアマネジメント＼プロセス	アセスメント	ケアプラン原案	サービス担当者会議	ケアプラン実施	モニタリング
A（原則的プラン）	○	○	○	○	○
	原則的なケアマネジメント					
B（簡略化プラン）	○	○	―	○	間隔をあけて実施
	利用者の状態が安定しており、目標も含めてケアプランの大きな変更はなく、間隔をあけたモニタリングの実施を想定している					
C（初回のみプラン）	○	―	―	―	―
	利用者自身が目標達成に向けてマネジメントを展開する（セルフマネジメントの推進）					

Point
介護予防支援は、予防給付の介護予防サービス計画をつくり、介護予防ケアプランは総合事業のサービスのためのケアプランである

介護予防ケアマネジメントの類型は利用者のサービス内容とその後のかかわりを検討した上で選択します。

08 介護予防ケアマネジメント　141

09 サービス事業者等との契約

▶ 契約を結ぶために必要な重要事項説明書と契約書

　介護保険サービスを利用する際には、ケアプランに位置づけられたサービス事業者と書面による契約を結ぶ必要があります。これは、サービス内容に関してのトラブルを防ぐためです。また、重要事項説明書と契約書の説明を受けた上で、契約を結ぶことになっています。**重要事項説明書**は、契約のなかでも特に重要な情報を記載したものです。具体的には、事業所の所在地や職員体制などの「**サービス事業所に関すること**」、サービス提供可能時間、サービスの内容、費用、緊急時の対応など「**サービスに関すること**」などが記載されています。そして、この重要事項説明書の説明を受けた上で契約書を交わすことになります。**契約書**は、契約の目的、契約の期間、サービスの内容、サービスの料金など、介護保険サービスを利用するにあたって、契約する利用者から同意を得るための書類となります。

▶ サービスの提供内容を示す個別介護計画の作成

　サービス事業者と契約を結ぶと実際に介護保険サービスを利用することになります。そしてサービスの利用にあたっては、サービス事業者ごとに**個別介護計画**を作成しなければなりません。この個別介護計画は、ケアプランとは別のものとなり、ケアプランに沿って**サービス事業所ごとに具体的なサービスの提供頻度や方法などサービスの提供内容をまとめたもの**となります。サービス事業者によっては、介護計画、個別サービス計画と呼ぶことがあり、サービスの種類で、訪問介護であれば**訪問介護計画**、通所介護であれば**通所介護計画**と呼ぶことがあります。なお、訪問介護については、**サービス提供責任者**が訪問介護計画を作成することになっています。

契約を結ぶ上でのポイント 図

重要事項説明書のポイント

サービス事業所に関すること

事業者の概要	事業所の概要	事業の運営方針	事業の目的
●名称 ●代表取締役 ●所在地　など	●名称 ●管理者 ●所在地　など	●どんな方針で 　援助を行うのか 　　　　　など	●何をすることを 　目的とした事業 　なのか　など

サービスに関すること

サービスの利用料金	サービスの概要	職員体制	緊急時の対応
●負担額 ●加算・減算額 ●その他料金　など	●営業日 ●営業時間　など	●職員の職種 ●従業員数　など	●事故発生時の対応 　や手順　　など

契約書

(契約の目的)　(契約の期間)　(サービスの内容)　(サービスの料金)

など

個別介護計画書

 どんな書類?

- ケアプランをベースに、実際どのようなケアを提供するのか長期目標、短期目標、ケアの内容を詳しく記したもの
- サービス提供者全員がケアの根拠を理解し、同じ質のケアを行うための指針

09　サービス事業者等との契約　143

10 利用者の費用負担

▶ 介護保険サービスを利用するには自己負担が必要

　介護保険制度の保険給付となる介護保険サービスは、無料で利用できるわけではありません。介護保険サービスの保険給付を利用した場合、**65歳以上の第１号被保険者の利用者は、サービス費用全体の１割を原則として自己負担**します。ただし、前年度の所得が一定以上ある場合は、２割もしくは３割の自己負担となります。なお、40歳以上65歳未満の第２号被保険者の利用者は、所得に関係なく１割負担となります。ご自身の自己負担割合については、要介護者および要支援者全員に「**介護保険負担割合証**」が送付されて知ることができます。このように保険給付に対して自己負担がある理由は、サービスを利用する人とサービスを利用しない人の公平性を図ることやサービスには費用がかかることを利用者に意識してもらうためです。

▶ 保険給付の費用の上限となる支給限度額

　介護保険制度では、利用者が無制限にサービス利用をして保険給付を受けることがないように保険給付の費用の上限となる「**支給限度額**」を設けています。支給限度額は要介護度ごとで異なります。この要介護度に応じた支給限度額内で１割（もしくは２割または３割）を利用者が自己負担します。支給限度額を超えた分については、全額自己負担となります。ただし、支給限度額は、居宅サービスを利用する場合に適用されるものであり、施設サービスの利用には適用されません。施設サービスの場合は、施設サービス費があり、その費用の１割（もしくは２割または３割）を利用者が自己負担します。費用は、個室や多床室など住環境の違いによって自己負担額が異なります。また、その他に全額自己負担となる居住費、食費、日常生活費の負担も必要になります。

費用負担のポイント 図

介護保険制度の利用には自己負担が必要

第1号被保険者
- 原則：1割負担
- 前年度の所得が以上ある場合：2〜3割負担

どこで確認できる？

介護保険負担割合証に記載されている
→要介護者（要支援者）全員に送付される

第2号被保険者
- 所得にかかわらず1割負担

自己負担があるのはどうして？

| サービスを利用する人と利用しない人との公平性を図るため | サービスには費用がかかることを利用者に意識してもらうため |

支給限度額

- 保険給付の費用の上限のこと
  介護保険から支払われる
  介護給付費と自己負担を合計した額
- 要介護度によって異なる

支給限度額については ➡P.77へ

| 7〜9割 介護給付費 | 1〜3割 自己負担 | 超えた分 全額自己負担 |

└──── 支給限度額 ────┘

施設サービスを利用する場合は適用されない
→居室や環境によって異なる施設サービス費のうち、利用者は所得に応じて1〜3割を負担する

10 利用者の費用負担　145

11 利用者負担の軽減制度

▶ 低所得者の利用者負担を軽減する制度

　介護保険制度では、低所得で生計が困難な利用者に対して、社会福祉法人や市町村が提供する介護保険サービスについて利用者負担を軽減する「**利用者負担額軽減制度**」があります。この制度は、社会福祉事業を行うことを目的としている社会福祉法人や市町村の公共性や社会的な役割を考え、低所得者の利用者負担を軽減することによって、介護保険サービスの利用促進を図ることを目的にしています。ただし、実施する社会福祉法人は申請が必要なため、適用できるか事前に確認が必要です。原則として、利用者負担額の**4分の1を軽減**します。また、施設サービスに対しては、低所得者の負担を軽減するため、全額自己負担となる居住費と食費について「**特定入所者介護サービス費（補足給付）**」があります。この給付は、低所得者の所得に応じて利用者が払う負担限度額を設定し、超えた分については介護保険制度から施設に給付を行います。

▶ 利用者負担が高額になった場合に負担を軽減する制度

　介護保険制度では、1か月の利用者負担の合計額の上限が、所得に応じて区分されています。上限額を超えた場合、超えた分を介護保険制度から支給する「**高額介護サービス費**」があります。高額介護サービス費の支給を受ける場合は、保険者である市町村に申請する必要があります。また、公的な医療保険制度と介護保険制度の両方のサービスを合わせて受給する利用者も多くいます。そのため、1年間の医療保険制度と介護保険制度の自己負担額の上限が世帯の所得に応じて区分されています。世帯の自己負担額の合計が上限額を超えた場合、超えた分を支給する「**高額医療・高額介護合算療養費制度**」があります。申請は、公的医療保険制度の保険者にします。

利用者負担を軽減する制度 　図

利用者負担額軽減制度

- 低所得者が、社会福祉法人が運営するサービスを利用する際に費用負担を軽減するしくみ

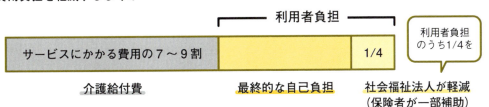

特定入所者介護サービス費

- 施設サービスにおける利用者の負担を軽減するしくみ

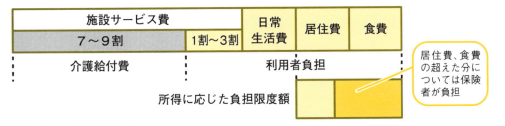

高額介護サービス費

介護

高額介護サービス費の負担の上限額

区　分	負担の上限額（月額）
課税所得690万円以上	14万100円（世帯）
課税所得380万円〜690万円未満	9万3000円（世帯）
市町村民税課税〜課税所得380万円未満	4万4400円（世帯）
世帯の全員が市町村民税非課税	2万4600円（世帯）
前年の公的年金等収入金額＋その他の合計所得金額の合計が80万円以下	2万4600円（世帯） 1万5000円（個人）
生活保護を受給している人等	1万5000円（個人）

高額介護サービス費（所得に応じた負担限度額） → 年間の合計が高額になったら → 高額医療・高額介護合算療養費制度

医療

高額療養費制度（所得に応じた負担） → 年間の合計が高額になったら → 高額医療・高額介護合算療養費制度

11　利用者負担の軽減制度　147

12 介護報酬

▶ サービス提供の対価＝介護報酬

　介護保険制度では、サービス事業者や介護保険施設が介護保険サービスを提供した場合、サービス費用の1割（一定以上の所得がある者は2割もしくは3割）については利用者が自己負担し、残りのサービス費用については保険者である市町村から支払われることになります。そして、**介護保険サービスを提供した対価として、保険者からサービス事業者や介護保険施設に支払われる費用を「介護報酬」といいます**。介護報酬は、「単位」という単価で決められ、介護保険サービスの種類ごとに、サービス内容や要介護度、サービス事業所や介護保険施設の所在地などに応じた平均的な費用を考えて国が定めています。介護報酬には、実際に行ったサービスの内容やサービスを行う事業者の体制などにより単位数が増減される加算や減算があります。

▶ 介護報酬の支払い業務のプロセス

　介護報酬の算定は、**介護給付費単位数表**に定められた単位数を基に計算されます。介護給付費単位数表は、サービス内容や所要時間、要介護度、サービス規模、事業所の形態などで決められておりサービスごとで決定する要素が異なっています。1単位は10円が基本となりますが、事業所の所在地によって割り増しされます。**実際の介護報酬の審査や支払い業務は、保険者である市町村が行うのではなく、保険者から委託を受けた国民健康保険団体連合会（国保連）がサービス事業所や介護保険施設からの介護給付費の請求を受けて行います**。請求を受けた国保連は介護報酬の審査を行い、保険者からの支払いを受けてサービス事業所や介護保険施設に介護報酬を支払います。

介護報酬の全体像 図

介護報酬の支払い

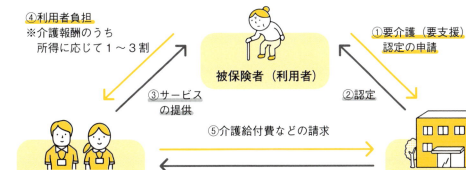

④利用者負担
※介護報酬のうち所得に応じて1～3割

①要介護（要支援）認定の申請

②認定

③サービスの提供

⑤介護給付費などの請求

⑥介護給付費の支払い
※介護報酬のうち、利用者の所得に応じて7～9割

介護報酬の算定

単位って何？

- 一単位10円を基本とし、サービスの種類ごとに設定された人件費率、地域ごとに設定された割合を合わせて上乗せする

- 単位数×1単位の値で介護報酬の額を算出できる

- どうして単位で額を決めるの？　→　地域によって物価や人件費が異なり、その差を調整するため

例：名古屋市民が訪問リハビリ（200単位）を利用した場合

0.55（55％）　×　0.15（15％）　＝　0.0825（8.25％）
サービスごとの人件費　　地域ごとの割合　　上乗せ割合（報酬単価）

10（円）＋ 10（円）× 0.083 ＝ 10.83（円）
　　　　　　　　　上乗せ金額

200（単位）×10.83（円）＝ 2,166（円）
　　　　　　　　　　　　　介護報酬

12 介護報酬　149

13 他法との給付調整①
医療保険

🟡 医療保険制度との関係性

　介護保険制度と医療保険制度では、類似するサービスがあります。例えば、訪問看護や訪問・通所リハビリテーションなどは、介護保険制度と医療保険制度どちらの保険給付にもサービスがあります。介護保険制度と医療保険制度どちらも給付の対象となる場合、サービスの併用ができないことになっており、その場合は**介護保険制度のサービスが優先される**ことになっています。併用ができる場合として、同一の診断名では、介護保険制度と医療保険制度の併用はできませんが、別の診断名を受けて**医療保険制度によるサービスが必要であると認められる場合は併用が可能**です。また、末期がんのように**特定の難病に該当する訪問看護の場合は、要介護者であっても主治医の指示に基づいて医療保険制度によるサービスを受けることが可能**となっています。

🟡 介護保険制度と医療保険制度のサービスの違い

　次に、介護保険制度と医療保険制度のサービスの違いについてみていきたいと思います。まず、対象となる年齢の範囲です。介護保険制度は、40歳から被保険者になるのに対して、医療保険制度は、年齢に制限がありません。そのため、40歳未満である場合は、介護保険制度によるサービスを受けることができません。次にサービスの利用限度額です。介護保険制度は、要介護度ごとに支給限度額が決まっており利用限度額を超えると全額自己負担となりますが、医療保険制度には利用限度額がありません。最後に、訪問看護の利用回数です。介護保険制度の場合は、支給限度額の範囲で収まる回数であれば利用回数に制限はありませんが、医療保険制度の場合は、原則1日1回、週3回までと利用回数が決まっています。

医療保険との給付調整 図

介護保険制度・医療保険制度の関係

- 二つの制度間には類似するサービス（訪問看護・訪問リハビリ）があるが、原則併用はできない

- どちらも給付の対象となる場合は、介護保険のサービスが適用される

- 併用ができる場合もある

　①介護保険のサービスを受けている人が、別の病気になり新たに医療保険のサービスが必要になった場合

　②特定の難病（末期がんなど全19疾病）による治療を要する人

介護保険制度と医療保険制度の違い

	介護	医療
対象年齢	40歳～	制限なし
利用限度額	要介護度ごとに設定 超えた分は自己負担	なし
訪問看護利用回数	支給限度額に収まれば回数制限なし	原則1日1回 週3回まで

13　他法との給付調整①　医療保険

14

他法との給付調整②
障害者総合支援法

▶障害者総合支援法との関係性

　介護保険制度による介護保険サービスと障害者総合支援法による障害福祉サービスでは、類似するサービスがあります。例えば、介護保険サービスの訪問介護と障害福祉サービスの居宅介護や重度訪問介護、通所介護と生活介護、短期入所生活介護と短期入所などが相当します。障害者総合支援法第7条では、サービスの内容や機能面から障害福祉サービスに類似する介護保険サービスがある場合、原則介護保険サービスの利用が優先されることを規定しています。そのため、障害福祉サービスの利用者は65歳以上になると、介護保険サービスに移行することになります。障害のある利用者は、それまで使い慣れていた障害福祉サービス事業所を利用できなくなることから、見直しを求める意見が出され、利用者が65歳以上になっても、使い慣れた事業所においてサービスを利用しやすくするために2018（平成30）年より「**共生型サービス**」が実施されました。

▶高齢障害者の負担軽減を図る新高額障害福祉サービス等給付費

　障害者総合支援法による障害福祉サービスの利用者が介護保険サービスへ移行すると、利用者負担額が増額する場合があります。そのため、高齢の障害者の負担軽減を図ることを目的に2018（平成30）年に「**新高額障害福祉サービス等給付費**」が創設されました。対象となる利用者は、低所得者もしくは生活保護の受給者で65歳以上であること、65歳になる前に5年間継続して介護保険サービスに相当する障害福祉サービスの支給を受けていたこと、65歳に達する日の前日において障害支援区分が区分2以上であったことなどが要件となっています。介護保険法における高額介護サービス費などが適用され、さらに残る利用者負担額が償還払いにより支給されます。

障害者総合支援法との給付調整 図

障害者総合支援法との関係

障害福祉サービスにも、介護保険制度と類似するサービスがあります。

例：通所介護（介護保険）と生活介護（障害福祉）

- これらのサービスがどちらも給付の対象となるときは？
  →介護保険サービスの利用を優先

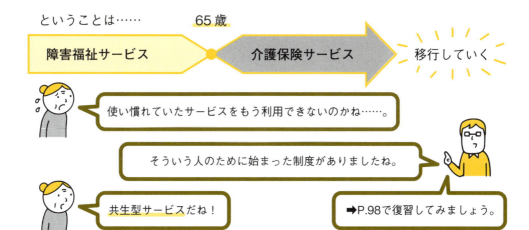

ということは……　65歳

障害福祉サービス → 介護保険サービス　移行していく

「使い慣れていたサービスをもう利用できないのかね……。」

「そういう人のために始まった制度がありましたね。」

「共生型サービスだね！」

「➡P.98で復習してみましょう。」

新高額障害福祉サービス等給付費

- 高齢の障害者の費用負担を軽減するための制度

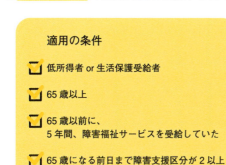

適用の条件
- ☑ 低所得者 or 生活保護受給者
- ☑ 65歳以上
- ☑ 65歳以前に、5年間、障害福祉サービスを受給していた
- ☑ 65歳になる前日まで障害支援区分が2以上

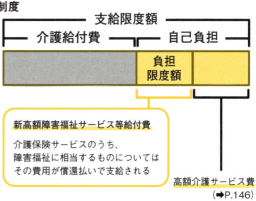

支給限度額
介護給付費 ／ 自己負担
負担限度額

新高額障害福祉サービス等給付費
介護保険サービスのうち、障害福祉に相当するものについてはその費用が償還払いで支給される

高額介護サービス費
（➡P.146）

14　他法との給付調整②　障害者総合支援法　　153

15 他法との給付調整③
生活保護法

生活保護法との関係性

　介護保険制度による**介護保険サービスは、生活保護制度を受給している人も利用することができます**。介護保険サービスを利用するためには、介護保険制度の被保険者となり、介護保険料を支払う必要があります。また、サービスを利用した際には原則1割の自己負担も必要となります。これは、生活保護受給者も同様です。では、どのようにして介護保険料と自己負担を支払うのでしょうか。介護保険制度において生活保護受給者への対応は、第1号被保険者となる65歳以上と、第2号被保険者となる40歳以上65歳未満で年齢によって異なります。なお、利用できる介護保険サービスの種類に違いはありません。ただし、ケアプランについては、生活保護制度を管轄する福祉事務所に提出して利用するサービスの確認を行う必要があります。

生活保護受給者が介護保険サービスを利用するには

　65歳以上の場合、介護保険料は生活保護制度の**生活扶助**から賄われ、生活扶助に介護保険料が加算されます。保険料を納付することにより第1号被保険者となり、介護保険サービスの保険給付を利用することができます。そして、サービスを利用した際の自己負担については、**介護扶助**から賄われます。40歳以上65歳未満の場合、**生活保護受給者は公的医療保険制度を脱退する**ことから介護保険料を納付することができません。第2号被保険者の介護保険料は、医療保険料に上乗せして徴収するためです。そのため、**40歳以上65歳未満の生活保護受給者は被保険者にはなれませんが、第2号被保険者とみなす「みなし2号」**として介護保険サービスを利用します。介護保険サービスの保険給付はなく、**10割が自己負担**となり、この自己負担分を介護扶助によって賄います。

生活保護法との給付調整　図

生活保護法の関係は?

- 介護保険サービスは、生活保護を受給している人でも利用できる
- 利用できるサービスは、65歳以上と40〜64歳とで同様である

覚えてる?

介護保険サービスを利用するには……

- 介護保険料
- 介護保険サービスにかかる費用の1割

を支払う必要がある

どうやって支払う?

		生活保護あり	生活保護なし
65歳以上	介護保険料	生活保護費の「生活扶助」に介護保険料が足される	年金から天引きされる
65歳以上	介護保険サービス費負担	1割自己負担 →「介護扶助」から支払う	所得に応じて1〜3割負担
40〜64歳	介護保険料	なし（医療保険から脱退するため）	国民健康保険・社会保険に介護保険料を上乗せ
40〜64歳	介護保険サービス費負担	本人の出費なし →「介護扶助」から支払う	所得に応じて1〜3割負担

Point

生活保護制度は、他の制度の活用を優先する「補足性の原理」があるため、みなし2号の人が障害者手帳を所持している場合は、障害福祉サービスが優先される

15　他法との給付調整③　生活保護法

16 介護サービス情報公表制度

▶ 利用者が介護サービスを選ぶための制度

　2006(平成18)年に設けられた**「介護サービス情報公表制度」**は、適切に介護サービスを選ぶための情報を利用者に提供することで、利用者がサービス事業所や介護保険施設を比較検討することができ、適切な選択ができるよう支援することを目的としています。また、サービス事業者のサービスの質の向上に向けた努力が適切に評価されて選択されることも目的となっています。

　この制度により、サービス事業者は、サービスの提供を開始するときと年1回程度、決められた介護サービス情報を都道府県に報告しなければならず、この報告を受けた都道府県は、報告された介護サービス情報について審査し、インターネットを通じて公表します。もし、報告された介護サービス情報の内容に調査が必要であると都道府県が判断した場合は、サービス事業者に対して調査を行います。

▶「介護サービス情報公表制度」により公表される情報

　介護保険制度の利用者は、介護サービス情報公表制度により、サービス事業所や介護保険施設を選択する際に必要な情報を、24時間、365日、誰でも気軽にインターネットの「介護サービス情報公表システム」などを通じて入手することができます。

　介護サービス情報公表制度により公表される情報は、事実に関する情報となる「**基本情報**」と独自の運営に関する情報となる「**運営情報**」からなります。「基本情報」は、サービス事業所の名称、所在地、連絡先、サービス従業者の数、施設設備の状況、利用料金などの情報です。「運営情報」は、介護サービスの内容、事業所の運営状況などの情報となります。

介護サービス情報公表システムの内容 図

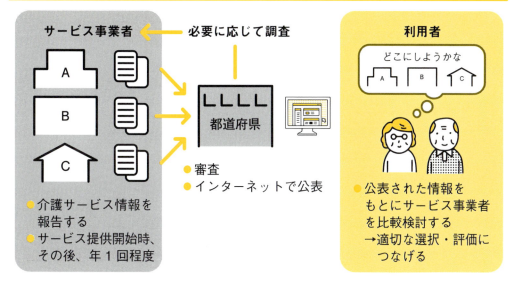

公表される情報

事業所の名称・所在地	運営方針、事業開始年月日 など
従業員数	総従業者数、退職者数、経験年数 など
利用料金	サービス料、キャンセル料、利用者負担軽減制度の有無 など
設備の状況	サービス提供に必要な設備の有無 など
介護サービスの内容	サービスの特色、営業時間、サービスに付随する内容の有無 など
安全・衛生管理	事故発生の予防の取り組み、非常災害時の対応 など
相談・苦情の対応	窓口の明記、経過の記録、利用者等への説明 など
サービスの質の確保	マニュアルの作成、研修の実施、サービスの実施記録 など

16 介護サービス情報公表制度　157

17 不服申し立て・苦情相談

▶ 介護保険制度の処分に対する不服申し立て

　介護保険制度では、介護保険料の決定や要介護（要支援）認定の結果などの処分（あるいは決定）に不服がある場合、都道府県に設置されている**「介護保険審査会」**に審査請求する（不服を申し立てる）ことができます。**審査請求**は、原則として処分があった日の翌日から数えて3か月以内に行う必要があります。審査請求は、まず審査請求書を介護保険審査会に提出します。審査請求ができるのは、原則として処分を受けた被保険者本人ですが、代理人に委任して審査請求することも可能です。その場合、代理人であることを証明する委任状が必要となります。介護保険審査会は、処分に違法または不当な点がないかを審査し、違法や不当があると認めたときは、裁決により処分の全部あるいは一部を取り消し、保険者である市町村は改めて処分をやり直すことになります。

▶ 介護保険サービスに対する苦情相談

　介護保険制度の利用者が、サービス事業者が提供する介護保険サービスに対して苦情がある場合、保険者である市町村や地域包括支援センターに申し立てることもできますが、**各都道府県に設置されている「国民健康保険団体連合会（国保連）」で苦情を受け付け**ています。国保連への苦情の申し立ては、原則として苦情申立書の書面により行い、必要に応じて口頭による申し立てもできるようになっています。苦情を受け付ける国保連には、**「介護サービス苦情処理委員会」**が設けられており、委員は受理された苦情申立書の内容を審理し、サービス事業者への調査の必要性を判断します。調査が必要と判断した場合は、サービス事業者を調査し、委員はその調査結果に基づいて、改善すべき事項を検討し、サービス事業者に対して指導や助言を行います。

不服申立と苦情相談の流れ 図

不服申し立ての流れ

 保険者による処分（介護認定など）

→

 被保険者
- 処分に不満がある場合、審査請求書を提出する

※処分の翌日から3か月以内に提出する

→

 介護保険審査会
- 処分に対して違法や不当があるかを審査する

→

 保険者
- 違法や不当があった場合は処分をやり直す

苦情相談の流れ

被保険者

書面 or 口頭での苦情申し立て

国保連

↓

介護サービス苦情処理委員会による調査を行う

↓

調査結果に基づいて改善点などを検討する

↓

サービス事業者へ指導・助言を行う

↓

保険者・都道府県に報告する

> 国保連に相談する前にまずは事業所やケアマネジャー、または市町村や地域包括支援センターに相談してみましょう。それでも解決できない場合に国保連に相談することになります。

17 不服申し立て・苦情相談　159

第4章参考文献

- 厚生労働省「特定疾病の選定基準の考え方」
- 厚生労働省「介護保険被保険者証について」
- 厚生労働省「給付と負担について（参考資料）」
- 厚生労働省「居宅介護支援・介護予防支援」
- 厚生労働省「第1章ケアマネジメントの基本」
- 厚生労働省「介護サービス計画書の様式及び課題分析標準項目の提示についての一部改正等について」
- 厚生労働省「介護予防ケアマネジメントの考え方」
- 厚生労働省「サービスにかかる利用料」
- 厚生労働省「低所得者に対する介護保険サービスに係る利用者負担額の軽減制度事業」
- 厚生労働省「サービスにかかる利用料」
- 総務省「高額介護合算療養費制度概要」
- 厚生労働省「介護報酬の仕組みについて」
- 厚生労働省「介護保険と障害福祉の適用関係」
- 厚生労働省「高額障害福祉サービス等給付費等に関する支給認定について」
- 厚生労働省「介護サービス情報公表システム」
- 厚生労働省「国民健康保険団体連合会の取り組み」
- 神奈川県「審査請求の流れ」

第 5 章

介護保険サービスの実践事例

01

事例①：認知症のある人への支援

1 事例の基礎情報
佐藤正蔵さん（仮名）・80歳・男性・要介護2・アルツハイマー型認知症
家族構成：正蔵さんは、妻の久美子さん（78歳）と夫婦二人暮らしで、主たる介護者は妻です。子どもは2人おり、長男夫婦は、同じ市内で暮らし、長女夫婦は県外で暮らしています。

2 事例の背景
長男夫婦は、結婚当時から同市内に住んでおり、長男の正人さん（49歳）には、妻の幸奈さん（48歳）、長女の愛奈さん（20歳）、次女の恵奈さん（14歳）がいます。正人さんは単身赴任中で、幸奈さんは専業主婦ですが家の近くのスーパーでパートタイムとして働いています。愛奈さんは県外で一人暮らしをしながら大学に通っており、恵奈さんは市内の中学校に通っています。正蔵さんがアルツハイマー型認知症と診断されてからは、幸奈さんが、義母である久美子さんの手伝いをするために頻繁に夫の実家へ通っていました。孫の愛奈さんと恵奈さんは、正蔵さんが厳しかったことから祖父には懐かなかったものの、優しく可愛がってくれた祖母の久美子さんのことは慕っており、高齢にもかかわらず祖父の介護をしている久美子さんを心配しています。また、恵奈さんは、中学校で開催された**認知症サポーター**（→ P.208）の研修を受けました。

長女の由美子さん（44歳）は、大学進学で県外に出て以来、そのまま県外で暮らしており、夫の健一さん（46歳）と長男の健司さん（12歳）の3人で暮らしています。正蔵さんが厳しかったことから、親子関係が悪く実家とは疎遠になっています。しかし、由美子さんは、高齢である母親のことは心配しており、頻繁に電話をするなどして気に

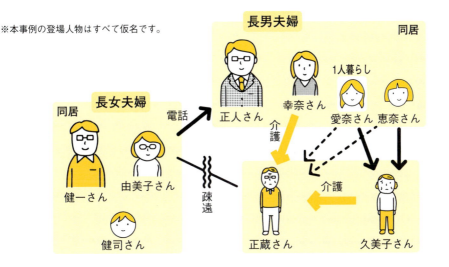

※本事例の登場人物はすべて仮名です。

かけている様子があります。また、兄の正人さんにも母親の様子を伺うために電話をしてきます。

3 生活歴と支援の経緯

　正蔵さんは、都内の大学を卒業した後、県内の大手企業に就職し、役員まで務めて定年退職の60歳まで勤務し、退職後も顧問として嘱託社員で65歳まで働きました。28歳のときに2歳年下の久美子さんとお見合い結婚をし、31歳のときに長男の正人さんが生まれ、36歳のときに長女の由美子さんが生まれました。

　正蔵さんは、家庭よりも仕事を優先する仕事人間で、子育てや家事、地域の行事などは、すべて妻の久美子さんに任せていました。そのため、正蔵さんは、地域とのつながりがありません。子どものしつけや勉強に厳しく、幼いころは、正人さんも由美子さんも正蔵さんを怖がっていました。その後、正人さんは、地元の国立大学を卒業して県内の大手企業で働いています。由美子さんは、正蔵さんから地元の短期大学への進学を薦められましたが、正蔵さんの反対を押し切って都内の大学に進学し、現在は企業の研究職として働いています。そのため、由美子さんは父親との関係が悪く、実家と疎遠になっています。

4 支援につながるきっかけ

　8年前に実家の法事があり、正蔵さんは夫婦二人で出かけました。しかし、親戚の顔や名前がわからず、法事に出席したことは覚えていてもそこで起こったことの記憶がないことがありました。久美子さんは、おかしいと思い、病院の診察を勧めましたが「元気だから必要ない」と拒んでいました。

　しかし、その後、散歩に出かけた正蔵さんが帰宅できなくなり、警察にお世話になったことから、さすがにおかしい、と急いで病院を受診。アルツハイマー型認知症と診断されました。医師には、介護保険サービスの利用を勧められましたが、「私は、自分のことは自分でできるから介護の必要はない」と拒否し、久美子さんも「お父さんの面倒は私がみるから大丈夫」と介護保険サービスを利用しませんでした。

　しかし、久美子さんも高齢になるにつれて介護の負担が大きくなり「疲れた」とぼやくことも多くなりました。また、正蔵さんも妻のことがわからなくなることや尿失禁が始まるなど認知症の進行がみられたため、心配をした義娘の幸奈さんが、地域包括支援センターに相談をし、要介護認定を受けることになりました。要介護認定の結果、正蔵さんは要介護3となり、地域包括支援センターから居宅介護支援事業所を紹介され、介護支援専門員によりケアプランが作成されました。

5 アセスメントの結果とケアプラン

　介護支援専門員のアセスメントの結果、正蔵さんの意向は、「妻の声かけがあれば身の回りのことはできるが、認知症の進行が心配。認知症があっても、これからも住み慣れたこの家で妻と一緒に暮らしていきたい」とのことでした。また、主な介護者となる妻の久美子さんの意向は「高齢でできないことも多くなっていることが心配。体力的に疲れることも多いが、お父さんの面倒をこれからもみていきたい」とのことでした。以上の意向をふまえて、介護支援専門員は、まず、妻の久美子さんの介護疲れを心配しました。また、正蔵さんの認知症の症状が重くなっていることや仕事人間で他者との関係に慣れていないことなどを考慮し、認知症対応型通所介護の利用を検討し、週3回利用することにしました。

　また、訪問介護の利用についても検討をしました。身体介護については、妻の声かけがあれば、身の回りのことはできるため、できることは自分で行うようにし、利用の必

要はないと判断しました。また、家事の一部を妻と一緒に行うようにしたため、生活援助も必要ありませんでした。ただし、認知症が進行していることから、病気の管理のため主治医への受診と服薬が重要でした。そこで定期的な通院のために「通院等乗降介助」を月1回利用することにしました。また、服薬の管理などは、**かかりつけ薬剤師・薬局**（➡ P.214）を使うことを提案しました。

　高齢者の夫婦のみ世帯は、地域から孤立することがあります。さらに、認知症の家族がいると、それを隠したいという思いから、さらに孤立していくことがあります。そのため、本人に同意を得て、民生委員などに状況を知らせ、声かけなど気にかけてもらうようにしました。同市内に住む孫の恵奈さんは、認知症サポーターの研修を受けたことにより、正蔵さんへの理解も深まったことから、折にふれて正蔵さんの話し相手になってもらうようにお願いしました。また、地域からの孤立を防止するために、時間があるときには**認知症カフェ**（➡ P.210）を利用することを提案しました。

6　認知症の人への支援ポイント

　介護保険法では、その目的として「尊厳の保持」が謳われています。尊厳の保持とは、その人らしい生き方をすることです。認知症が進行すると、その人らしさが失われ、そのこと自体本人が理解できていないのではないかととらえられがちです。しかし、認知症の人がその人らしい生き方をできるかどうかは、介護者や支援をする私たちが、どれだけ本人の尊厳を保てるかにかかっています。そのための実践方法として、「**パーソン・センタード・ケア**」があげられます。パーソン・センタード・ケアでは、認知症の人を「認知症になった人（Demented person）」ではなく「認知症とともに生きる人（Person with Dementia）」つまり、一人の「人間」としてとらえ、その人の生きてきた生活習慣や価値観などを重視します。そして、認知症の人の「病気」の部分に焦点をあてるのではなく、その人の「性格」「健康状態」「生活歴」「社会関係」に焦点をあててケアを考えていきます。また、それと同時に家族への支援を考えていくことも重要です。なぜなら、認知症の人が自宅などで暮らす場合、多くの時間を一緒に過ごすのは家族だからです。そのため、支援者は、家族が抱える介護の負担感を適切に受け止め、家族に利用可能な介護保険サービスを紹介し、家族のレスパイト（一時的休息）に配慮していくことが求められます。

01　事例①：認知症のある人への支援　　165

02

事例②：脳血管疾患がある人への支援

1 事例の基礎情報

鈴木幸子さん（仮名）・82歳・女性・要介護3・脳梗塞

家族構成： 幸子さんは、15年前に夫・和夫さんと死別しており、現在は、長女の恵子さん（54歳）と孫の由美さん（25歳）と同居しています。高齢の幸子さんの主たる介護者は、孫の由美さんです。幸子さんの子どもは、他に長男の武志さん（52歳）がいますが、結婚して家族とともに東京に住んでおり、1年に1度顔を合わせる程度で、普段はほとんど連絡もとっていません。

2 事例の背景

長女の恵子さんは、娘の由美さんが幼いころに離婚をしており、孫とともに実家に戻ってきて以来、幸子さんと同居しています。恵子さんは、家計を支えるために懸命に働き、家事や育児は幸子さんに任せきりとなっていました。そのため、幸子さんは長女に対して母親としての役割を果たしていないことなどを注意することが度々あり、長女とは口論が絶えません。孫の由美さんは、県内の高校を卒業した後、県内の企業に事務員として就職しています。祖母の幸子さんに対して、幼いころから面倒を見てもらったことを感謝しており、とても慕っています。そのため、祖母に対してできることはしようとしています。しかし、来年には、高校の同級生だった男性と結婚することが決まっており、結婚後は男性と県外で暮らすために実家を出る予定でいます。

3 生活歴と支援の経緯

幸子さんは、4人きょうだいの4番目で次女として生まれました。高校を卒業後に県

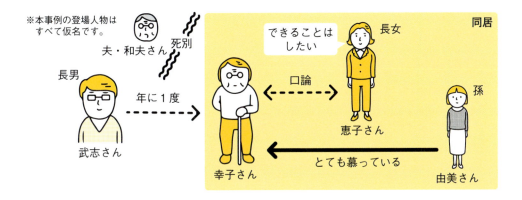

内の電機メーカーに就職し、職場で出会った3歳年上の夫・和夫さんと25歳のときに結婚をしました。結婚を機に退職をし、その後は、専業主婦として育児や家事をして暮らしてきました。28歳のときに長女の恵子さんが生まれ、30歳のときに長男の武志さんが生まれています。

　夫の和夫さんは、15年前にがんで他界しました。夫は、家庭よりも仕事を優先する人でしたが、子どもに優しく、休日は家族で遠出するなど夫婦の仲もよく、幸子さんは夫の和夫さんを慕っていました。そのため、夫をがんで亡くしたときは、喪失感で落ち込みましたが、周りの人に支えられて乗り越えることができました。

　幸子さんは、もともとは人づきあいがよく、近所に友人が多くいました。また、手先が器用であったことから地域の折り紙教室にも参加をしていました。20年前に、長女の恵子さんが離婚をし、当時5歳だった孫の由美さんとともに実家に戻ってきて以来、長女の恵子さんと孫の由美さんと同居しています。

　数か月前に、幸子さんは、家事をしていた際、突然右半身が脱力して呂律がまわらなくなり、ふらつきを覚えたことから由美さんが救急車を要請して病院に搬送され、脳梗塞と診断されて入院することになりました。その後、回復期病院でリハビリテーションを受けましたが、右片麻痺と言語障害が残りました。状態が落ち着いてきたこともあり、自宅への退院を勧められ、病院の医療相談室より市内の地域包括支援センターに連絡があり、要介護認定を受けることになりました。

　要介護認定の結果、幸子さんは要介護3となりました。地域包括支援センターより居宅介護支援事業所を紹介され、介護支援専門員は、退院後のケアプラン作成のため、病

院の医療相談室の医療ソーシャルワーカーと連絡を取り、今後の退院予定と病院の主治医やリハビリテーション担当者からの話を聞けるよう調整をお願いしました。また、あわせて幸子さんとその家族との面談の調整もお願いしました。

4 アセスメントの結果とケアプラン

　介護支援専門員のアセスメントの結果、主治医からは、再発防止に向けた健康管理のために治療の状況や今後の見通しについて確認ができました。また、リハビリテーションの担当者からは、現在のリハビリテーションの内容と目標について伺いました。幸子さんとそのご家族とも面談することができました。

　幸子さんの意向は、言語障害がありうまく伝えることが難しくなっていましたが「手足がうまく動かせず、日中は１人で過ごすので少し不安であるが、娘や孫に迷惑をかけたくない。これからもできることなら自宅で暮らしていきたいという気持ちがあるが、施設のお世話になるのも仕方がない」「手をうまく動かせず、趣味の折り紙ができないことが残念であり、ご近所とのつながりがなくなることも不安である」とのことでした。娘の恵子さんの意向は「離婚して、母親には娘の育児など大変お世話になったと思っている。そんな母親がこのような状態になって、できる限りのことはしてあげたいと思うが、何をしたらよいのかわからない。家計のために仕事も辞められず今後のことを考えると不安である」とのことでした。孫の由美さんの意向は「これまで可愛がって育ててくれた祖母なので、できる限りのお世話をしたい。しかし、自分も結婚を控えており、いつまで一緒にいられるか心配である」とのことでした。

　以上の意向をふまえて、介護支援専門員は、まず継続的なリハビリテーションを実施するために、通所リハビリテーションを週３回利用することにしました。そこで入浴をすませるようにし、作業療法士には、手先が器用であるため、趣味だった折り紙や手工芸を取り入れてもらうようお願いしました。杖がないと歩行も困難となっており、理学療法士には歩行訓練を取り入れてもらうよう依頼をしました。さらに、家族が仕事をしている平日の対応として、訪問介護を週２回利用することにし、食事を取れているかなど日中の「見守り的援助」をお願いしました。また、自宅を訪問して住宅環境を確認しておきました。幸子さんは布団で寝起きしていたため、福祉用具貸与として特殊寝台（ベッド）をレンタルすることにしました。自宅は玄関やトイレなどに段差が多いこと

から住宅改修を家族に勧めました。

　また、長女の恵子さんは、娘の由美さんが結婚した後、一人で母親の面倒を見られるか心配しており、場合によっては、仕事を辞める必要があるのではないかと介護支援専門員に相談しました。介護支援専門員は、今後の経過によって幸子さんの要介護度が重くなった場合など、介護保険施設への入所の相談をいつでも受けると恵子さんに伝えておきました。

5　ストレングスの視点とモニタリングの重要性

　利用者の<u>ニーズをアセスメントするとき、できることを積極的に取り入れる「ストレングス」の視点が求められます</u>。本人の「強み」や「ポジティブな特性」を見つけ出し、その強みを中心にしてケアプランを作成していきます。今回の事例での「強み」は、本人の手先が器用であったり、孫の由美さんが協力的だったりすることなどです。

　しかし、由美さんは結婚を控えており、今後は、家庭環境が変わることが予想されます。このように、本人や家族、地域の状況などは、常に一定ではなく、日々変化していきます。そのため、<u>当初立てたケアプランが常に有効であることはなく、経過観察を行うモニタリングが必要となります</u>。**モニタリング**では、ケアプランに位置づけられたサービスの実施状況を確認することが中心となりますが、本人や家族がサービスに対してどう感じているのか確認することも重要です。

> 由美さんの結婚後、幸子さんと恵子さんの二人暮らしになるなど、環境の変化に着目してモニタリングを行う

02　事例②：脳血管疾患がある人への支援

03 事例③：フレイル状態にある人への支援

1 事例の基礎情報

田中和子さん（仮名）・83歳・女性・自立

家族構成： 2歳年上の夫・勇さんと10年前に死別して以来、和子さんは東北地方の市内で一人暮らしをしています。子どもは2人いますが、長男夫婦は、東京で暮らし、長女夫婦は、関東地方で暮らしていています。

2 事例の背景

長男の浩一さん（56歳）は、都内の大学に進学し、そのまま大手食品メーカーに就職しました。妻の陽子さん（50歳）、大学生の長男、楓太さん（20歳）と、高校生の次男、翔太さん（17歳）がいます。陽子さんは、同じ職場の同僚で、結婚後も同じ職場で働いています。浩一さんは、毎年、お盆と正月には実家に帰っており、高齢となった母親の和子さんのことを気にかけています。陽子さんと2人の子どもは、和子さんにとても良くしてもらい、毎年の帰省を楽しみにしています。浩一さんは、母親が一人暮らしをしていることから、いつか実家に戻りたいと考えていますが、現在、浩一さんも妻も企業の役職を担っており、2人の子どもの教育費などもかかることから、現時点で実家へ戻るのは現実的ではありません。

長女の真由美さん（53歳）は、高校卒業後に就職先を県外に求めて、関東地方の企業の事務職に就職しました。同じ職場の誠さん（55歳）と結婚し、子どもは1人で、会社員の拓也さん（25歳）がいます。真由美さんは、結婚と同時に職場を退職し、専業主婦となりました。また、夫の誠さんが長男であったことから、結婚と同時に義理の父母と同居しています。義父（85歳）と義母（80歳）は、介護の必要がなく元気ですが、

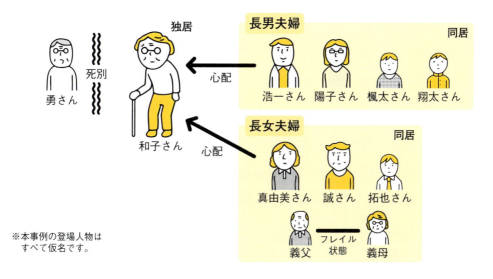

※本事例の登場人物は
　すべて仮名です。

高齢ということもあって、食事量が減ったり、歩行が難しくなりつつあります。そのため、真由美さんは「いつか介護が必要になるのではないか」と心配しています。

❸ 生活歴と相談の経緯

　和子さんは、東北地方の農業を営む家庭の6人きょうだいの5番目の3女として生まれました。幼いころから熱心に勉強をし、市内の高校を卒業して、市役所の事務職として就職しました。同じ市役所に勤める2歳年上の勇さんと25歳のときに結婚をし、結婚を機に市役所を退職して専業主婦となりました。27歳のときに長男の浩一さんが生まれ、30歳のときに長女の真由美さんが生まれています。

　夫の勇さんは、60歳で市役所を退職し、その後は和子さんと趣味のハイキングなどを楽しんでいました。勇さんが10年前に75歳で他界した後、和子さんは一人暮らしとなりましたが、町内会の婦人部に参加したり、ご近所の付き合いも多く、人と話すことが好きだったことから積極的に地域活動に参加していました。しかし、疲れやすくなり体力的にも限界となったことから、80歳のときに町内会活動も趣味のハイキングもやめてしまいました。

　また、80歳までは車の運転をして遠くのスーパーまで買い物に出かけていましたが、昨今の高齢者の交通事故の報道を受けて長男の浩一さんから免許の返納を勧められ、本

03　事例③：フレイル状態にある人への支援

人も判断能力の衰えを感じるようになったことから免許を返納することにしました。

その後、徒歩で買い物などに出かけていましたが、転倒することもあり、高齢により長時間歩くことが難しくなったこともあったことから、次第に外出頻度が減っていきました。そのため、買い物に行くことも大変となり、食欲もわかないことから、食事の回数や量も減っていきました。

4 支援につながるきっかけ

数か月前に、和子さんは、市より後期高齢者医療制度の健康診断の案内が来て受診しました。そこで糖尿病や高血圧などの生活習慣病に関する健診やフレイル健診を受けました。健康診断の結果、生活習慣病などの問題はなかったものの、健康な状態と要介護状態の中間の段階であるフレイルの状態にあることがわかりました。保健師から、フレイルの状態にあることを知らされた和子さんは、理解することができず「健康だから大丈夫。年を取ったので衰えは仕方がない」と言って、フレイル予防への取り組みを拒みました。そこで、保健師は和子さんから了解を得て、子どもに連絡をすることにしました。浩一さんは、フレイルのことがわかりませんでしたが、真由美さんは、義父母がフレイルの状態にあったことから、母親の和子さんの状態を理解し、和子さんに連絡をしてフレイル予防に取り組んでほしいと説得しました。

娘からの説得もあり、和子さんもフレイル予防を理解して、取り組むことにしました。保健師は、和子さんから同意を得て、市内の地域包括支援センターへつなぎ、フレイル予防の支援を開始することになりました。和子さんが住む地域は、積極的に介護予防に取り組んでいる地域であり、近所に介護保険制度の一般介護予防事業となる**「通いの場」**（➡ P.212）が多くあり、地元で創作した体操などを行っていました。もともと人と話すことが好きな和子さんは、積極的に参加者とコミュニケーションをとり、今ではリーダーとして体操に参加しています。また、町内会で一緒に活動した仲間も多く参加しており、再びおしゃべりをする機会も増えていきました。以前と比較すると、自宅にいる時間が減っていき、体力も向上して歩行機能も改善していきました。

さらに、市ではフレイルの要因となる低栄養状態に着目しました。栄養面での向上を目的に、通いの場に管理栄養士に来てもらい、栄養指導や栄養相談を受け付けることになりました。通いの場で会食の機会も設けて、低栄養状態の改善に取り組んでいます。

また、噛む機能など口腔機能の低下もあることから、市の歯科医師会と連携して歯科衛生士に来てもらい、口腔ケアの指導を受ける機会を設けました。和子さんも栄養指導を受けることにし、自分に合った食事を心がけるようになりました。また、口腔ケアの指導により口腔機能の向上に取り組み、食事の改善につながるようになりました。

5　フレイル支援のポイント

現在の高齢者支援は、**健康な状態と要介護状態の中間の段階にあるフレイル（虚弱）**に注目されています。フレイルは、身体的なものだけではなく、次の三つの種類に分けることができます。ロコモティブシンドロームやサルコペニアに代表される運動機能や口腔機能の低下などの「**身体的フレイル**」、定年退職やパートナーを失うなどによって抑うつ状態や認知機能の低下が現れる「**精神・心理的フレイル**」、行動範囲が狭まったことが原因で社会とのかかわりが希薄化した状態になる「**社会的フレイル**」があります。フレイルは、この三つが連鎖していくことで自立度の低下が進みます。そのため、身体的フレイルのみ支援しても予防にはつながりません。

フレイル支援では、三つのうちどれか一つではなく、フレイルの連鎖に焦点を当てて支援していくことが大切です。フレイルによる悪循環を示した「**フレイルサイクル**」を念頭に、食事や運動を見直していくことが必要です。フレイル予防には、利用者とかかわる周囲の人や家族などが早期発見し、必要な支援につなげることも重要となります。

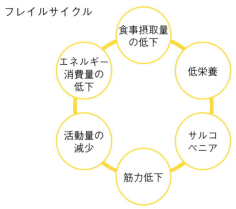

フレイルサイクル

山崎隆博「フレイル支援の3大ポイント」『ケアマネジャー』第24巻第8号、p.9を参考に作成

04 事例④：8050問題を抱える家族への支援

1 事例の基礎情報

渡辺京子さん（仮名）・82歳・女性・要介護3

家族構成： 京子さんは、3歳年上の夫・実さんと5年前に死別して以来、中部地方の都市部で暮らしています。子どもは2人おり、長男は、独身で母親の京子さんと同居しています。次男は、結婚をして東京で妻と子どもと暮らしています。

2 事例の背景

長男の賢志さん（53歳）は、県内の大学を卒業後、地元のサービス業に就職をしました。真面目な性格でしたが、仕事でミスをすることが続き、上司から強く叱責を受けるようになり、精神面で体調を崩してしまったことから3年で退職しました。その後、さまざまな職を転々としましたが、どれもうまくいかず、「自分はダメな人間だ」と悩むようになり、20年前に自宅にひきこもるようになりました。母親との会話は、ほとんどなく、日中は、自室に閉じこもり趣味のゲームに没頭しています。

次男の大輔さん（50歳）は、東京の大学に進学し、そのまま大手薬品メーカーに就職しました。妻の香織さん（48歳）と大学生の長男、大樹さん（20歳）と暮らしています。大輔さんは、幼いころから努力家で、高校は県内の進学校に進学し、東京都内の有名大学に進学しました。現在は、大手薬品メーカーの部長職として働いています。そのため、実家にひきこもる賢志さんを軽蔑しているところがあり、「親が心配で仕方ない、迷惑をかけないでほしい」「遊んでばかりいないで働いて自立してほしい」と思っています。また、賢志さんがひきこもった当時に「兄貴は親亡き後にどうするのか」とケンカになり、それから実家と距離を取るようになりました。そのため、妻の香織さん

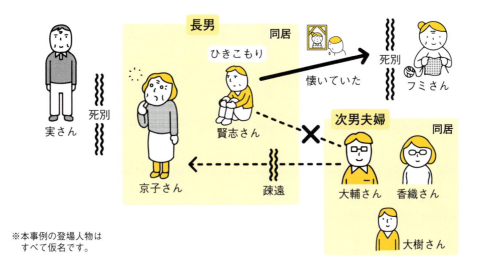

※本事例の登場人物はすべて仮名です。

と長男の大樹さんも大輔さんの実家と疎遠になっています。

3 生活歴と相談の経緯

　京子さんは、農家の4人きょうだいの2番目（長女）として生まれました。幼い頃から下のきょうだいの面倒をみながら熱心に勉強をし、県内にある国立大学の教育学部を卒業して、県内の小学校の教員となりました。同じ教育学部出身の3歳年上の中学校教員だった実さんと28歳のときに結婚。29歳で長男の賢志さんを出産し、32歳のときに次男の大輔さんを生みました。京子さんは、結婚後も小学校の教員を続け、60歳で定年退職しています。夫の実さんが長男だったこともあり、結婚後に義父母と同居し、子育ての大部分は義母のフミさんにお願いしていました。

　実さんも京子さんも教員ということもあり、息子の賢志さんと大輔さんに厳しく接してきました。しかし、祖母のフミさんは、賢志さんと大輔さんに優しく、特に賢志さんは、フミさんに懐いていました。そのフミさんも20年前に亡くなり、そのことが賢志さんのひきこもりにも影響しました。

　夫の実さんは、5年前に脳梗塞で他界しました。実さんは中学校の校長まで務めて60歳（定年）まで働き続けました。賢志さんがひきこもったとき、実さんは「仕事を探せ」「仕事をしろ」と叱責することがありましたが、その度に口論となり、賢志さん

04　事例④：8050問題を抱える家族への支援　　175

が大声で怒鳴り返すことや物を壊すことを繰り返し、実さんも京子さんも疲弊してしまい、賢志さんの再就職を諦めてしまいました。2人とも教員だったこともあり、「自分の子どもを一人前に育てることができなかった」と世間体を気にし、ひきこもった賢志さんの存在を隠すように暮らしていました。

京子さんは教員として定年まで働いており、年金収入があったことから、夫の実さんが亡くなった後も経済面では問題なく生活ができました。また、京子さんは、賢志さんがひきこもってしまったのは、幼い頃に自分があまり面倒をみてこなかったからだと思い、賢志さんの要望どおりの生活をさせてきました。また、実さんが亡くなった後は、「自分ががんばらないと賢志は生活できない」と気を張って生活してきました。

4 支援につながるきっかけ

京子さんは、1年ほど前から物忘れがひどくなり、同じことを何度も聞くようになりました。また、最近では賢志さんの要望に応えられなくなり、失禁をするなど生活に支障がみられるようになりました。賢志さんは、その度に、京子さんを大声で叱責するようになりました。その声を聞いた近所の人が、「一人暮らしのはずの京子さんの家から男性の怒鳴り声が聞こえる」と地域包括支援センター（以下、包括）に連絡があり、職員が京子さんの自宅を訪問することにしました。

包括の職員が訪問したところ、京子さんの自宅はごみ屋敷のようになっていました。京子さんは、「ごみを出す日がわからない」と話しており、職員は、病院への受診をすすめました。付き添える人はいないか確認したところ、次男の大輔さんの名をあげたため、大輔さんに連絡を取ったところ「自宅に兄がいるはずです」と賢志さんが自宅にいることがわかりました。

後日、大輔さんが実家に戻って京子さんに付き添い病院を診察したところ、京子さんは、だいぶ進行した認知症であることがわかりました。そのため、包括の職員は、介護保険サービスの利用をすすめました。賢志さんは拒否をしましたが、大輔さんが了承しました。要介護認定の結果、京子さんは要介護3となりました。最寄りの居宅介護支援事業所の介護支援専門員がケアプラン作成のため、アセスメントを行ったところ京子さんの意向は、「賢志が心配なので家にいたい」とのことだったので、**定期巡回・随時対応型訪問介護看護**（➡ P.108）の利用を計画しました。「**定期巡回サービス**」を朝と夕

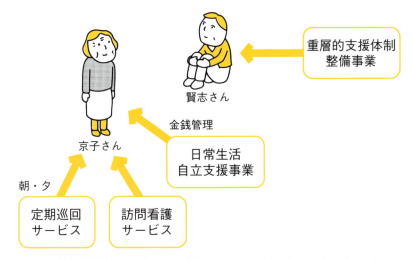

方にお願いし、「**訪問看護サービス**」で認知症ケアをお願いしました。また、サービス利用料などの金銭管理も必要となることから、市内の社会福祉協議会の「**日常生活自立支援事業**」（➡ P.182）を利用することにしました。また、合わせて包括の職員は、賢志さんへの支援も検討しましたが、どの相談機関に相談したらよいのかわかりませんでした。そこで、今年から開始された市の**重層的支援体制整備事業**で設置された総合相談窓口に持ちかけることにしました。

5　8050問題への支援と重層的支援体制整備事業

　これは、80代の親が、ひきこもりまたは無職の状態にある50代の子の生活を支えるという「8050問題」の事例です。近年、包括の職員や介護支援専門員が、介護が必要になった利用者を訪問したところ、その自宅に支援が必要な中高年の子どもがいたというケースが多くなっています。これは、長期のひきこもりにより子が中高年者となり、同時に生活を支えてくれた親は高齢者となることで介護を必要とし、介護保険サービスの利用を通じて、初めてひきこもり中高年者の存在が明らかになるというものです。このような家庭の場合、介護を必要とする親とひきこもりの子どもへの支援という二つの支援が必要となります。つまり、複合的な課題を抱えている家庭となります。このような家庭の場合一つの機関で対応することは難しく、関係する機関の連携が求められます。この事例のように地域住民の複合・複雑化した支援ニーズに対応するため、現在、

「**重層的支援体制整備事業**」が各市町村で行われています。重層的支援体制整備事業には「**包括的相談支援事業**」があり、相談者の世代、属性、相談内容を問わず相談を受け止める体制づくりが進められています。また、その相談の中で複雑化・複合化した課題については適切に相談支援関係者につなげるために「**多機関協働事業**」が行われており、8050問題への支援も期待されています。

参加支援
地域とつながり社会に参加できるよう支援する
・参加支援事業

相談支援
本人や世帯の属性にかかわらず受け止める
・包括的相談支援事業
・アウトリーチ等を通じた継続的支援事業
・多機関協働事業

地域づくりに向けた支援
地域社会からの孤立を防ぎ、多世代の交流や多様な活躍の機会と役割を生み出す
・地域づくり事業

第 6 章

高齢者の生活を支える制度と社会資源

01 成年後見制度

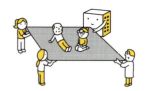

▶ 判断能力が不十分な人を法律的に保護し、支援する制度

　成年後見制度は、認知症、知的障害、精神障害などの理由により、**判断能力が不十分な人に対して、法律的に本人を保護し、支援する制度**で、主に財産管理や身上保護が大きな役割となります。**財産管理**としては、不動産や預貯金などの管理や遺産分割などの相続手続きなどがあり、**身上保護**としては、介護・福祉サービスの利用契約や施設入所・病院への入院の契約などがあげられます。また、自分に不利益な契約であってもよく判断ができずに結んでしまった悪質商法などの契約を取り消すなどの保護も行います。成年後見制度では、このような判断能力が不十分な人の法律行為について、家庭裁判所から選任された**成年後見人**などが、本来本人が行うべき法律行為を「代理」して行うことで、本人の意思を尊重した支援「**意思決定支援**」を行うことを目指します。

▶ 成年後見制度には法定後見制度と任意後見制度がある

　成年後見制度は、法定後見制度と任意後見制度の二つに大別されます。法定後見制度とは、本人の判断能力が不十分になった後に、家庭裁判所によって選任された成年後見人などが本人を法律的に支援する制度です。本人の判断能力によって三つの類型に分かれており、判断能力が不十分な場合は「**補助**」、著しく不十分な場合は「**保佐**」、常に不十分な場合は「**後見**」となります。一方、**任意後見制度**とは、本人が十分な判断能力を有するときに、あらかじめ任意後見人や委任する事務の内容を定めておき、本人の判断能力が不十分になった後に、任意後見人がこれらの事務を本人に代わって行う制度です。任意後見を始める際には、家庭裁判所が選任した任意後見監督人のもとで、任意後見人は委任された事務を本人の代わりに行います。

成年後見制度の概要 図

成年後見人の役割

- 財産管理：不動産・預貯金管理 など
- 身上保護：介護・福祉サービス利用契約や病院の入院契約 など

成年後見制度の全体像

成年後見制度
認知症や障害などの理由により、判断能力が不十分な人に対して、法律的に本人を支援する制度

すでに判断能力が低下している人

判断能力が低下したときに備える場合

法定後見制度			任意後見制度
裁判所が決定する			本人が決定する
判断能力が全くない人	判断能力が著しく低い人	判断能力が不十分な人	判断能力が低下
後見人	保佐人	補助人	任意後見人
すべての法律行為を代行する	裁判所が定めた重要な契約や財産管理の契約・取り消しを行う	裁判所が定めた特定の契約や財産管理の判断について手助けする	任意後見監督人の監督のもと、本人と定めた法律行為を行う
代理権 取消権	特定の事項以外の同意権 取消権	一部の事項に同意権 取消権	

後見人になれるのは…親族、福祉や法律の専門職、市民後見人、福祉関係の法人などで、家庭裁判所が定めます。

01 成年後見制度　181

02 日常生活自立支援事業

▍利用者との契約に基づいて福祉サービスの利用援助などを行う事業

日常生活自立支援事業は、認知症高齢者、知的障害者、精神障害者など**判断能力が不十分な人が地域において自立した生活が送れるよう、利用者との契約に基づいて日常的な金銭管理や福祉サービスの利用援助などを行う事業**です。成年後見制度を利用するまでに至らない、**契約の内容について判断し得る能力を有している人が対象**となり、成年後見制度との違いは、利用者との契約に基づいて行われます。実施主体は、都道府県または指定都市社会福祉協議会となっていますが、実際の窓口業務は、利用者の利便性を考慮し、委託を受けた市町村社会福祉協議会が担っています。利用料については、実施主体が定める利用料を負担する必要があります。

▍日常生活自立支援事業の手続き方法とサービス内容

日常生活自立支援事業の手続きは、実施主体（実際の窓口である市町村社会福祉協議会）に対して申請を行います。実施主体は、利用希望者の生活状況や希望する援助内容を確認するとともに、本事業の契約の内容について判断し得る能力の判定を行います。要件に該当すると判断した場合は、専門員が利用者の意向を確認し、援助内容や実施頻度などの具体的な支援を決める支援計画を策定して契約を結びます。サービス内容としては、福祉サービスの利用に関する情報の提供や相談に応じるなどの「**福祉サービス利用援助**」、福祉サービスの利用料、病院への医療費の支払いの援助などの「**日常的金銭管理サービス**」、年金証書、預貯金通帳、実印などの書類を預かる「**書類等預かりサービス**」などがあります。なお、支援計画に基づき定期的に訪問をし、福祉サービスの利用手続きや預貯金の出し入れをサポートするのは社会福祉協議会の生活支援員となります。

日常生活自立支援事業の概要 図

日常生活自立支援事業

- 認知症や障害などによって、判断能力が不十分な人に対して、金銭管理や福祉サービスの利用に関して支援を行う

- 対象：成年後見制度を利用するまでに至らない人

- 実施主体：

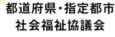

委託

社会福祉協議会って？

- 社会福祉協議会は、地域の福祉を推進することを目的とした民間組織
- 地域の人びとが住み慣れたまちで安心して生活することのできる「福祉のまちづくり」の実現をめざして活動を行っている

手続き方法とサービス内容

①申請　市町村社会福祉協議会へ → ②訪問　専門員が本人の困りごとなどを確認 → ③審査　本人がこのサービスを利用できるか判断する → ④支援計画・契約　本人の希望を聞きながら支援計画を作成、その後利用契約をする

サービス内容

| 福祉サービス利用援助 | 日常的金銭管理サービス | 書類等預かりサービス |

02 日常生活自立支援事業　183

03

財産管理委任契約・死後事務委任契約

▶ 本人に代わって財産管理や利用手続きを行う契約

　財産管理委任契約とは、本人（委任者）に代わって、信頼できる親族や専門職（受任者）に財産の管理や病院、福祉サービスなどの利用手続きを行ってもらう契約のことです。成年後見制度との違いは、判断能力があることが前提となっており、判断能力が不十分な場合は成年後見制度を利用します。委任できる内容は、財産管理と療養看護に関することです。財産管理は、金融機関との取引、納税の手続き、公共料金の支払いなどがあります。療養看護は、医療や介護サービスの手続き、利用料金の支払いなどがあります。財産管理委任契約は、民法上の委任契約に基づいて行われ、当事者間での了解があれば成立します。また、委任を受けた受任者を監督する公的機関がないため、契約書を作成するときは、契約内容に注意し、信用性のある公正証書にする、法人と契約するなどの対応をとるのがよいでしょう。

▶ 本人の死後の事務や手続きを行う契約

　死後事務委任契約とは、本人（委任者）の死後の事務や手続きを信頼できる親族や専門職（受任者）に行ってもらう契約のことです。一人暮らし高齢者の増加や家族関係の希薄化により、自身の死後に不安を抱える人が増えており、死後事務委任契約は重要なものとなっています。委任できる内容は、供養方法や埋葬方法などの葬儀に関すること、死亡届や運転免許証や保険証の返納などの行政手続きに関すること、賃貸不動産の契約の解除や公共料金の解約などの生活に関することなどです。死後事務委任契約は、財産管理委任契約と同様に民法上の委任契約に基づいて行われるため、財産管理委任契約と同様の対応をとると安心です。

財産管理、死後事務の内容　図

財産管理委任契約

● 本人に代わって財産の管理・病院や福祉サービスなどの手続きを行う契約

成年後見制度との違いは？
- 本人の判断能力があること
- 当事者間の合意で行えること

● 財産管理

| 金融機関との取引 | 納税の手続き | 公共料金の支払い |

● 療養看護

| 医療・介護サービスの手続き | 利用料金の支払い |

死後事務委任契約

● 本人の死後の事務や手続きを代わりに行う契約

葬儀に関すること

行政手続きに関すること

生活に関すること

- 民法上の委任契約に基づいて行われる
  →当事者間の了解があれば成立する

  契約書をつくるときは、
- 信用性のある公正証書にする
- 法人と契約する
  などの対応が安心

財産管理委任契約も死後事務委任契約も当事者間での契約に基づいているものです。そのため、公的な手続きではないため社会的信用を得にくいことがあります。

03　財産管理委任契約・死後事務委任契約

04 障害者総合支援制度

▶ 障害者の生活を支える障害者総合支援制度

　障害者総合支援制度は、障害がある人もない人もお互いに人格と個性を尊重して安心して暮らすことができる地域社会の実現を目指して、障害のある人の日常生活と社会生活を総合的に支援する制度です。具体的には、障害者総合支援法により提供される障害福祉サービスや地域支援事業となります。

　障害者総合支援法は、2012（平成24）年に障害者自立支援法を改正してできた法律です。改正点は、基本理念に共生社会の実現を規定し、必要なサービス内容や量の判断を障害の程度である「障害程度区分」から標準的な支援の度合いとなる「**障害支援区分**」に応じた利用のしくみに変更となり、費用負担の方法については、サービス量に応じた「応益負担」から支払い能力に応じた「**応能負担**」に変更されました。

▶ 障害者総合支援法の対象と支援体系

　障害者総合支援法の対象は、身体障害者、知的障害者、精神障害者、難病患者となります。なお、発達障害者は、精神障害者に含まれます。障害児も育成医療などサービスの一部などを利用することが可能です。障害者総合支援法による総合的な支援は、「**自立支援給付**」と「**地域生活支援事業**」で構成されています。自立支援給付には、介護サービスにあたる「**介護給付**」と日常生活や職業の訓練を行う「**訓練等給付**」があり、これらの障害福祉サービスのほかにも、必要な医療サービスとなる「**自立支援医療**」、障害者や家族からの相談に応じる「**相談支援**」、障害者の身体機能を補う「**補装具**」があります。地域生活支援事業は、地域の特性や障害者の状況に応じて、市町村や都道府県が柔軟な形態で実施することが可能な事業となります。

障害者総合支援法の概要　図

障害者総合支援法

- 2012年 障害者自立支援法を改正してできた法律
- サービスの内容や量についての判断基準
  - **今まで**　障害程度区分：障害の程度に応じた区分
  - **これから**　障害支援区分：実際の支援の度合いによる区分
- 費用負担の方法
  - **今まで**　応益負担：サービス量に応じた方法
  - **これから**　応能負担：支払い能力に応じた方法

障害者総合支援法における給付・事業

市町村

自立支援給付
国が1/2負担
第6条

障害者・児

介護給付
- 居宅介護　・重度訪問介護
- 同行援護　・行動援護
- 療養介護　・生活介護
- 短期入所
- 重度障害者等包括支援
- 施設入所支援　第28条第1項

訓練等給付
- 自立訓練（機能訓練・生活訓練）
- 就労移行支援
- 就労継続支援（A型・B型）
- 就労選択支援（2025年10月から実施予定）
- 就労定着支援
- 自立生活援助
- 共同生活援助　　第28条第2項

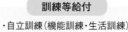
障害福祉サービス

相談支援
- 基本相談支援
- 地域相談支援
  （地域移行支援・地域定着支援）
- 計画相談支援　　第5条第18項

自立支援医療
- 更生医療　・育成医療

補装具　第5条第25項

障害児通所支援
- 児童発達支援
- 医療型児童発達支援（2024年度より一元化）
- 放課後等デイサービス
- 居宅訪問型児童発達支援
- 保育所等訪問支援
  国が1/2負担　児童福祉法第6条2の2

地域生活支援事業（国が1/2以内で補助）
・相談支援　・意思疎通支援　・日常生活用具　・移動支援
・地域活動支援センター　・福祉ホーム　等　第77条第1項

支援

都道府県

地域生活支援事業（国が1/2以内で補助）
・広域支援　・人材育成　等
第78条

自立支援医療
精神通院医療
第5条第24項

障害児入所支援
国が1/2負担
児童福祉法第7条

04　障害者総合支援制度

05 生活困窮者自立支援制度

▶ 経済的な困窮者への支援

生活困窮者自立支援制度は、「働きたくても働けない」「住む場所がない」など経済的に困窮し、生活に困っている生活困窮者に対して必要な支援をしていく制度です。2015（平成27）年に施行された**生活困窮者自立支援法**による制度で、**生活保護に至る前の自立支援策の強化と生活困窮者の自立の促進を図ることを目的としています**。この制度が創設された背景には、経済の停滞や雇用状況の悪化などによって、失業と同時に家を失う者が増加したことがあります。この状況を受けて、雇用の安定を図る雇用保険などの社会保障制度（**第1のセーフティネット**）と国民の最低生活を保障する生活保護制度（**第3のセーフティネット**）を補完する制度として生活困窮者自立支援制度が位置づけられ、「**第2のセーフティネット**」として創設されました。

▶ 生活困窮者自立支援制度による実際の支援

生活困窮者自立支援制度の事業は、必須事業と任意事業に分かれます。必須事業は、生活困窮者からの相談に応じることや自立支援計画を作成する「**自立相談支援事業**」、家賃相当の給付金を支給する「**住居確保給付金**」があります。任意事業は、雇用による就労が難しい生活困窮者に対して就労に必要な基礎能力の訓練を実施する「**就労準備支援事業**」、家計の状況を把握し改善への支援を行う「**家計改善支援事業**」、住居のない生活困窮者に宿泊場所や衣食の提供を行う「**一時生活支援事業**」、生活困窮世帯の子どもに対して学習支援や保護者に助言を行う「**子どもの学習・生活支援事業**」などがあります。また、都道府県知事の認定によって実施する事業として、就労の機会を提供して一般就労に向けた中・長期的な支援を実施する「**就労訓練事業（中間的就労）**」があります。

生活困窮者自立支援制度の概要　図

三つのセーフティネット

第1のセーフティネット　社会保障制度
雇用の安定を図る雇用保険など

第2のセーフティネット　生活困窮者自立支援制度
生活保護制度を補完する内容として

第3のセーフティネット　生活保護制度
国民の最低限度の生活を保障

支援の内容

必須事業

自立相談支援事業
- 生活困窮者からの相談に応じる
- 自立支援計画を作成する

本人の状況に応じた支援

必須事業

住居確保給付金
家賃相当の給付金を支給する

任意事業

就労準備支援事業
就労に必要な基礎能力の訓練をする
就労訓練事業（中間的就労）
一般就労が困難な人に対する支援つきの就労の場

家計改善支援事業
家計の状況を把握し、改善の支援を行う

一時生活支援事業
住居のない生活困窮者に衣食住を提供する

子どもの学習・生活支援事業
生活困窮世帯の子どもに対する学習支援など

05　生活困窮者自立支援制度

06 生活福祉資金貸付制度

▌低利または無利子の貸付による支援

生活福祉資金貸付制度は、低所得世帯、高齢者世帯、障害者世帯などに対して、低利または無利子で資金の貸し付けと必要な支援を行うことにより経済的に生活を支える制度です。生活福祉資金貸付制度要綱に基づいて1955（昭和30）年から実施されている制度で、経済的自立や生活意欲の助長促進、在宅福祉や社会福祉の促進を図ることを目的にしています。実施主体は、都道府県社会福祉協議会となっていますが、実際の窓口業務は、利用者の利便性を考慮し、委託を受けた市町村社会福祉協議会が担っています。貸付対象は、低所得世帯、高齢者世帯、障害者世帯と世帯単位で行っており、それぞれの世帯の状況と必要に合わせた資金の貸し付けを行っています。また、資金の貸し付けによる経済的な援助に合わせて、地域の民生委員が資金を借り受けた世帯の相談支援を行っています。

▌生活福祉資金貸付制度によって貸し付ける資金の種類

生活福祉資金貸付制度の資金の種類は、「**総合支援資金**」「**福祉資金**」「**教育支援資金**」「**不動産担保型生活資金**」の４種類となっています。総合支援資金は、生活の立て直しを支援する資金で「**生活支援費**」「**住宅入居費**」「**一次生活再建費**」があります。福祉資金は、緊急または一時的に日常生活上必要な資金で「**福祉費**」「**緊急小口資金**」があります。教育支援資金は、入学時や授業料など就学に必要な経費を支援する資金で「**教育支援費**」「**就学支援費**」があります。不動産担保型生活資金は、高齢者世帯に対して現在住んでいる居住用不動産を担保として貸し付ける資金で「**不動産担保型生活資金**」「**要保護世帯向け不動産担保型生活資金**」があります。

生活福祉資金貸付制度の概要　図

生活福祉資金貸付制度

- 低利または無利子で生活資金の貸し付けを行うことにより、経済的に生活を支える制度

- 対象：低所得世帯・高齢者世帯・障害者世帯

  低所得世帯：必要な資金を他から借り受けることが困難な世帯（市町村民税非課税相当）
  高齢者世帯：65歳以上の高齢者の属する世帯
  障害者世帯：障害者手帳の交付を受けた者等の属する世帯

- 実施主体

都道府県社会福祉協議会　→（委託）→　市町村社会福祉協議会

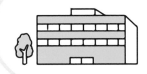

貸し付ける資金の種類

①総合支援資金
・生活支援費
・住居入居費
・一時生活再建費

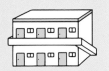

②福祉資金
・福祉費
・緊急小口資金

③教育支援資金
・教育支援費
・就学支援費

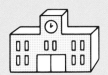

④不動産担保型生活資金
・不動産担保型生活資金
・要保護世帯向け不動産担保型生活資金

06　生活福祉資金貸付制度

07 生活保護制度

▶ 生活に困窮する人の最低限度の生活を保障する

生活保護制度は、生活に困窮する人に対して、最低限度の生活を保障するために困窮の程度に応じて必要な保護を行い、経済的な援助を行う制度です。生活保護制度は、日本国憲法第25条の生存権に基づき、国民に対して**「最低生活の保障」**と**「自立を助長すること」を目的**としており、その基盤となる考え方には、**「国家責任の原理」「無差別平等の原理」「最低生活保障の原理」「保護の補足性の原理」**の四つの原理があります。

また、生活保護制度は、**「申請保護の原則」「基準および程度の原則」「必要即応の原則」「世帯単位の原則」**の四つの原則に基づいて運用されています。

▶ 生活保護制度の申請と扶助の種類

生活保護制度の申請は、住んでいる地域を管轄する自治体の福祉事務所に行います。生活保護の相談をした上で生活保護の申請を行うと、福祉事務所は訪問調査、資産調査などを行い、生活保護を受けられるかどうかの判断や、支給する保護費の決定のための審査を行います。なお、福祉事務所は、生活保護の申請から原則14日以内に生活保護を受けられるか判断し通知をします。生活保護制度には八つの扶助がありますが、八つすべて支給されるわけではなく、必要に応じて各扶助を組み合わせて支給されます。

八つの扶助は、**「生活扶助」「教育扶助」「住宅扶助」「医療扶助」「介護扶助」「生業扶助」「出産扶助」「葬祭扶助」**となります。扶助の給付方法は、金銭が給付される**金銭給付**が原則となりますが、金銭給付が適切でない場合は、サービスの提供となる**現物給付**となり、医療扶助と介護扶助が現物給付となります。

生活保護制度の概要 図

生活保護制度の考え方

● 四つの原理

国家責任の原理
憲法第25条の生存権の理念に基づいている

国が責任をもって実施する

無差別平等の原理
困窮に陥った理由を問わず、国民であれば誰でも適用する

最低生活保障の原理
健康で文化的な最低限度の生活を保障すること

保護の補足性の原理
生活保護以外の制度を活用し、それでも生活を維持できないときに受給できる

● 四つの原則

申請保護の原則
申請に基づいて保護が実施される

※緊急時はなくても可

基準および程度の原則
最低限度の生活を満たし、かつそれを超えないものを基準として支給される

必要即応の原則
画一的な給付ではなく、対象者の状況に応じたものでなければならない

世帯単位の原則
例外として、緊急の場合は個人で支給されることもある

扶助の種類

①生活扶助
衣食や水道光熱費など日常生活に必要な費用

②教育扶助
義務教育の際に必要な学用品・給食費等

③住宅扶助
家賃や地代、住宅の補修等に必要な費用

④医療扶助
怪我や病気の治療に必要な費用

⑤介護扶助
介護サービスを利用するために必要な費用

⑥生業扶助
新たに就業技能を身につける高等学校の就学等に必要な費用

⑦出産扶助
出産に必要な入院費など

⑧葬祭扶助
葬祭に必要な費用

08 民生・児童委員制度

🟡 地域住民の身近な相談相手となる民生・児童委員

民生・児童委員制度は、地域住民の身近な相談相手として、必要な支援を行う「**民生委員**」と地域住民の妊娠中の心配ごとや子育ての不安に関するさまざまな相談や支援を行う「**児童委員**」を定めた制度です。

　民生委員は、民生委員法に基づいて厚生労働大臣から委嘱された非常勤の地方公務員となります。ボランティアのため給与はなく、任期は3年で再任も可能です。また、民生委員は児童福祉法に定める児童委員を兼ねることとされており、児童委員の中には児童福祉に関することを専門に担当する「主任児童委員」がいます。民生・児童委員は、地域住民のなかで、その地域の実情をよく知り、福祉活動やボランティア活動などに理解と熱意があるなどの要件を満たす人が選ばれる対象となっています。

🟡 民生・児童委員はどのような活動を行っているのか

　民生・児童委員の主な活動の代表例として次のようなものがあります。高齢者や障害者、子育て世帯、地域住民などから生活上の相談に応じる「地域住民からの相談への対応」、ひとり暮らし高齢者や高齢者のみ世帯、障害者世帯などの体調の悪化や犯罪被害防止等のために「高齢者や障害者世帯などの訪問・見守り」、子どもたちが交通事故や犯罪被害に巻き込まれないようにする「子どもたちの安全を守るための活動」、居場所づくりや仲間づくりなどを目的とした「サロン活動の運営協力」、要援護者台帳づくりや避難支援者の確保など災害時の高齢者や障害者への支援準備を目的とした「災害時要援護者の支援体制づくり」、行政からの要請に基づく調査協力や福祉サービスにかかわる業務への協力など「行政からの要請に基づく調査協力対応」などがあります。

民生・児童委員制度の概要　図

民生・児童委員制度

- 民生委員：地域住民の身近な相談相手として必要な支援を行う
- 児童委員：妊娠中の心配事や子育ての不安に関する相談・支援を行う
- 任期は3年（再任も可能）
- 厚生労働大臣から委託された非常勤の地方公務員
（ボランティアのため給与は出ない）

活動の例

①地域住民からの相談への対応

②高齢者世帯や障害者世帯の見守り

③子どもたちの安全を守るための活動

④サロン運営の協力

⑤災害時要援護者の支援体制づくり

⑥行政からの要請に基づく調査協力対応

2024年現在は民生・児童委員の担い手が不足していることが問題視されています。

09 居住支援・住宅セーフティネット制度

住宅確保要配慮者の住まいを確保する制度

住宅セーフティネット制度は、高齢者をはじめとして低所得者、被災者、障害者、子どもを養育する者など、住まいを確保することが難しい「**住宅確保要配慮者**」（要配慮者）に対して、賃貸住宅などに円滑に入居できるようにする制度です。2007（平成19）年に制定された住宅セーフティネット法による制度で、要配慮者に対して、民間賃貸住宅などへの円滑な入居を促進することで、居住の安定を図ることを目的にしています。制度の背景には、単身世帯の増加、持ち家率の低下などがあり、今後も要配慮者の賃貸住宅への入居に対するニーズの高まりが見込まれる一方で、賃貸住宅の賃貸人のなかには、孤独死や死亡時の残置物処理、家賃滞納の不安などから入居制限を行うことがあり、住まいを確保することが難しいことがあります。

新たな住宅セーフティネット制度による居住支援

2017（平成29）年に住宅セーフティネット法が改正され、新たな住宅セーフティネット制度が創設されました。新制度は、要配慮者の入居を拒まない賃貸住宅の「**登録制度**」、登録住宅の改修・入居への「**経済的支援**」、住宅確保要配慮者への「**マッチング・入居支援**」からなります。登録制度では、要配慮者の入居を拒まない賃貸住宅を都道府県などに登録し、要配慮者に情報を提供します。経済的支援は、登録住宅に対して家賃補助を行う家賃低廉化補助や要配慮者向けの住宅改修に対する費用を補助する改修費補助などがあります。「マッチング・入居支援」は、住宅相談や見守りなどを行う法人として「**居住支援法人**」の指定や、賃貸住宅に円滑に入居できるよう地方公共団体、不動産関係団体、居住支援団体が連携する「**居住支援協議会**」の創設などがあります。

住宅セーフティネット制度の概要 図

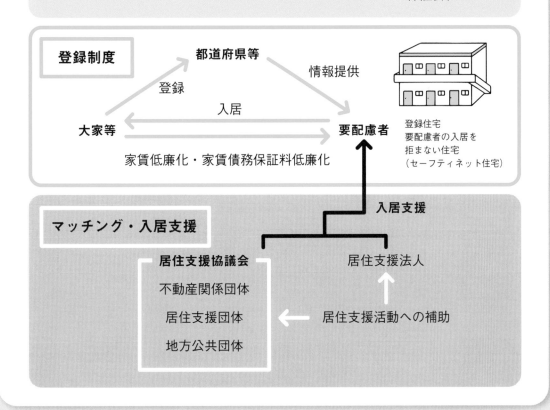

09 居住支援・住宅セーフティネット制度

10 ごみ出し支援事業

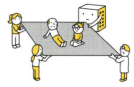

▶ ごみ出しに困難を抱える高齢者への支援

ごみ出し支援事業は、ごみ出しに困難を抱える高齢者に対して、市町村などの地方公共団体などがごみ出しを手伝うことや収集するための支援を行う事業です。この事業が行われている背景には、高齢化により一人暮らし高齢者など家族の支援が難しい高齢者が増えたことや地域社会のつながりの希薄化などにより近所の支え合いが衰退したことにより、ごみ出しに困難を抱える高齢者が増えたことがあります。

ごみ出し支援事業のタイプは4種類あり、地方公共団体の職員が直接支援する「**直接支援型（直営）**」、地方公共団体から委託された事業者が支援する「**直接支援型（委託）**」、地方公共団体が、ごみ出し支援活動を行う自治会やNPOなどの地域の支援団体に対して補助金等で支援する「**コミュニティ支援型**」、地方公共団体の福祉部局が福祉サービスの一つとして、高齢者世帯のごみ出し支援を行う「**福祉サービスの一環型**」です。

▶ ごみ出し支援事業の担い手

事業の担い手としては、市町村の**廃棄物部局**や**高齢者福祉部局**、**地域コミュニティ**の団体などがあり、それぞれごみ出し支援の取り組みが異なります。

担い手が市町村の廃棄物部局の場合は、高齢者のごみ出し支援制度を導入して取り組みます。担い手が高齢者福祉部局の場合は、介護保険制度を利用します。たとえば、要介護者は、訪問介護の生活援助により訪問介護員にごみ出しを依頼することができます。要支援者であれば、介護予防・日常生活支援総合事業の第1号事業によるボランティアによるごみ出しを利用することができます。担い手が地域コミュニティの場合は、自治会やNPOなどの支援団体が企画、運営するごみ出し支援活動などがあります。

ごみ出し支援事業の概要　図

ごみ出し支援事業

- 自力でのごみ出しが困難な高齢者に対して、ごみの収集やごみ出しを支援する事業

  背景として
  一人暮らしなど、家族の支援が難しい高齢者が増えた ｝ ごみ出しが困難な高齢者が増えた
  地域社会のつながりが希薄化した

ごみ出し支援のタイプ

直接支援型（直営）
地方公共団体の職員が直接支援する

直接支援型（委託）
地方公共団体から委託された事業者が支援する

コミュニティ支援型
地方公共団体が、ごみ出し支援活動を行う自治会やNPOなどの地域の支援団体に対して補助金等で支援する

福祉サービスの一環型
地方公共団体の福祉部局が福祉サービスの一つとして、高齢者世帯のごみ出し支援を行う

ごみ出し支援の担い手

担い手	内容
●市町村の廃棄物部局	高齢者のごみ出し支援制度を導入して取り組む
●高齢者福祉部局	介護保険制度を利用する （例）要介護者→訪問介護の生活援助によりごみ出しを依頼 　　　要支援者→介護予防・日常生活支援総合事業によるごみ出し
●地域コミュニティ	自治会やNPOなどの支援団体が企画・運営するごみ出し支援活動

10　ごみ出し支援事業

11 消費生活相談

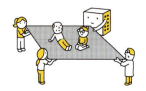

消費者と事業者間のトラブルに対応する

消費生活相談とは、悪徳商法や製品事故など消費生活に関する消費者と事業者間のトラブルについて、国家資格となる**消費生活相談員**などの専門の相談員に相談することです。消費生活相談員が所属する機関の一つとして「**消費生活センター**」があります。消費生活センターは、消費者安全法に基づいた機関で、都道府県や市町村の地方公共団体に設置されており、都道府県には設置が義務づけられています。消費生活センターでは、商品やサービスなど消費生活全般に関する苦情や問い合わせ、消費者からの相談を受け付けています。また、全国の消費生活センターなどから消費生活相談などを収集し、国民生活に関する情報提供や調査研究を行う機関として「**国民生活センター**」があります。

消費生活相談の方法と取り組み

消費生活センターによる消費生活相談は、センターを設置する地方公共団体に在住、在勤、在学する人が対象となります。そのため最寄りの消費生活センターがわからない人のために、**消費者ホットライン「188（いやや！）」**が設けられています。消費者ホットラインは、全国共通の電話番号で、地方公共団体が設置している身近な消費生活センターを案内してもらうことができます。消費生活センターでは、消費生活相談員などの専門の相談員が状況を聴き取り、相談者の状況に応じて事業者との自主交渉の方法や具体的な解決策などについて助言します。ケースによっては、交渉のあっせん（解決のための事業者との交渉のお手伝い）をすることもあります。なお、地域包括支援センターでも「高齢者の消費者被害の防止」の取り組みが行われており、相談を受け付けて消費生活センターなどの消費者相談につなげています。

消費生活相談の内容 図

消費生活相談

- 消費者生活に関するトラブルについて、消費生活相談員などの専門職に相談できる

悪徳商法・製品事故など

相談 ← / → 情報提供

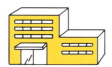

消費生活センター

商品やサービスなど消費生活全般に関する問い合わせや苦情、消費者からの相談を受け付けている

→ 相談の収集など →

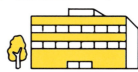

国民生活センター

消費生活センターから相談などを収集し、国民生活に関する情報提供や調査研究を行う

- 相談の対象：センターを設置する地方公共団体に在学・在勤・在住の人

「最寄りのセンターがわからないよ。どこに相談すればいいのか……。」

「そんな人たちへ向けた消費者ホットラインというものがありますよ。」

消費者ホットライン

- 全国共通の電話番号「188（いやや！）」が設けられている
- 身近な消費生活センターを案内してもらえる

12 公的年金制度

▶ 国民の所得を保障する公的年金制度

公的年金制度は、あらかじめ保険料を納めることで、必要なときに金銭給付を受けることができる社会保険です。具体的には、高齢になる、障害を負う、所得を得ていた働き手が亡くなるなどにより、所得を失った場合に対し、毎年、一定の所得を保障し、生活の安定を図ることを目的としています。そして、高齢による場合を「**老齢年金**」、障害を負った場合を「**障害年金**」、所得を得ていた働き手が亡くなった場合を「**遺族年金**」としています。日本の公的年金制度は、全国民を対象とする「国民年金（基礎年金）」、国民年金に上乗せするサラリーマンや公務員などを対象とする「厚生年金」からなります。さらに、企業年金や個人年金などの私的年金もあり、公的年金制度に私的年金を加えることで**3階建て**となっています。

▶ 公的年金制度のしくみ

公的年金制度の**国民年金**は、20歳から60歳までの40年間加入し、受給資格期間が10年以上あれば受給資格期間に応じて原則65歳から受けることができます。被保険者は3種類となり、自営業者や農業者とその家族、学生、無職の人については「**第1号被保険者**」、会社員や公務員などの厚生年金の加入者については「**第2号被保険者**」、第2号被保険者に扶養されている配偶者については「**第3号被保険者**」となります。

厚生年金は、会社員や公務員などの雇用されている人が加入し、70歳まで被保険者となります。保険料は、給料などの報酬に比例して支払い、その支払いに応じて支給を受け取ります。公的年金制度の中でも、高齢期の生活を支えるのが老齢年金です。国民年金における老齢年金を「**老齢基礎年金**」、厚生年金を「**老齢厚生年金**」といいます。

公的年金制度の概要　図

公的年金制度

- あらかじめ保険料を納めることで、所得を失ったときに一定の所得を保障し、生活の安定を図る制度

老齢年金
高齢（基本は65歳）になったとき

障害年金
病気や怪我により法令で定める障害の状態にあるとき

遺族年金
所得を得ていた働き手が亡くなったとき

年金制度のしくみ

私的年金	3階部分	確定拠出年金	確定拠出年金や企業年金など
公的年金	2階部分	国民年金基金など	厚生年金
公的年金	1階部分	国民年金（基礎年金）	

	第1号被保険者（自営業など）	第2号被保険者（会社員・公務員など）	第3号被保険者（専業主婦・主夫）
	個別に納付	勤務先が納付（保険料は折半）	支払い不要（配偶者の年金制度が負担）

12　公的年金制度

13 高年齢者雇用安定法・シルバー人材センター

▶ 働く意欲がある高年齢者の雇用を確保する

　高年齢者等の雇用の安定等に関する法律（高年齢者雇用安定法） は、年齢にかかわりなく働く意欲がある人が社会において能力を発揮できるよう、高年齢者などに安定した雇用を確保するなどの環境を整備する法律です。1971（昭和46）年に「中高年齢者等の雇用の促進に関する特別措置法」として制定され、1986（昭和61）年の改正により「高年齢者雇用安定法」となりました。この法律には、少子高齢化に伴う人口減少による労働力不足に対して、年齢にかかわりなく意欲と能力に応じて働くことができる「生涯現役社会」の実現が期待されています。この法律では、60歳未満の定年禁止、65歳までの雇用を確保する「**高年齢者雇用確保措置**」、70歳までの就業機会を確保する「**高年齢者就業確保措置**」、**シルバー人材センター** の設置などを規定しています。

▶ 高年齢者雇用安定法による取り組み

　高年齢者雇用確保措置は、65歳未満の定年を定めている事業主が対象となり「65歳までの定年引き上げ」「定年制の廃止」「65歳までの継続雇用制度の導入」のいずれかの措置を取ることが義務となっています。継続雇用制度は、定年までとは異なる雇用形態で雇用する「再雇用制度」、定年までと同じ雇用形態で雇用する「勤務延長制度」があります。高年齢者就業確保措置は、65歳以上70歳未満で定年を定めている事業主が対象となり「70歳までの定年引き上げ」「定年制の廃止」「70歳までの継続雇用制度の導入」「創業支援等措置（雇用によらない措置）」に努めることが努力義務となっています。

　また、シルバー人材センターは、60歳以上の定年退職者に、臨時的かつ短期的または軽易な就業の機会を提供し、一定の報酬を支払います。

働く意欲がある高齢者の雇用を保障する　図

年	内容
1971年	「中高年齢者等の雇用の促進に関する特別措置法」が制定
1986年	高年齢者等の雇用の安定等に関する法律（高年齢者雇用安定法）となる →年齢にかかわりなく意欲と能力に応じて働くことができる「生涯現役社会」の実現が期待されている もっと働ける！

高年齢者雇用確保措置

65歳までの雇用を
確保する
下記のいずれかの措置を
取る義務

①65歳までの
　定年引き上げ

②定年制の廃止

③65歳までの
　継続雇用制度の導入

↓

再雇用制度：
定年までとは異なる
雇用形態で雇用する

勤務延長制度：
定年までと同じ
雇用形態で雇用する

高年齢者就業確保措置

70歳までの就業機会を
確保する
下記のいずれかの措置に
努める努力義務

①70歳までの
　定年引き上げ

②定年制の廃止

③70歳までの
　継続雇用制度の導入

④創業支援等措置
　（雇用によらない措置）

シルバー人材センター

高年齢者が働くことを通じて生きがいを得るとともに、地域社会の活性化に貢献する組織

シルバー人材センターの
対象：
60歳以上の定年退職者
が対象

事業のしくみ：
企業、家庭、官公庁から
業務を受けて、それらを
会員となる高齢者に臨時
的かつ短期的または軽易
な作業の機会として提供
し、一定の報酬（配分金）
を支払う

14 バリアフリー法

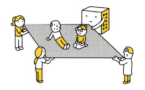

▶ 高齢者の移動と施設利用の利便性や安全性の向上を促進する
　「高齢者、障害者等の移動等の円滑化の促進に関する法律（バリアフリー法）」 は、バリアフリー化を推進することで、高齢者や障害者などの移動と施設利用の利便性や安全性の向上を促進し、自立した日常生活や社会生活を実現することを目的としています。
　バリアフリー法は、1994（平成6）年に建築物などのバリアフリー化を促進するために制定された「ハートビル法」と、2000（平成12）年に公共交通機関などのバリアフリー化を促進する目的で制定された「交通バリアフリー法」を統合・拡充するために2006（平成18）年に制定されました。その内容は、「公共交通機関や建築物等のバリアフリー化の推進」「地域における重点的・一体的なバリアフリー化の推進」「心のバリアフリーの推進」などがあります。

▶ バリアフリー法による取り組み
　「公共交通機関や建築物等のバリアフリー化の推進」 は、各施設の整備目標を設定すること、各施設のバリアフリー基準（移動等円滑化基準）への適合義務、公共交通事業者などの職員に対する教育訓練の努力義務などがあります。**「地域における重点的・一体的なバリアフリー化の推進」** は、市町村が作成するバリアフリー基本構想に基づいて、駅やバスターミナルなどの旅客施設や高齢者や障害者が利用する施設が多く集まる地区を重点整備地区とし、重点的かつ一体的なバリアフリー化事業を実施します。**「心のバリアフリーの推進」** は、学校教育と連携し、車いすサポート体験、視覚障害者サポート体験、高齢者疑似体験などを通じて、バリアフリー化の促進に関する国民の理解や協力を促進していきます。

バリアフリー法　図

1994年　ハートビル法	＋	2000年　交通バリアフリー法
建築物のバリアフリー化を促進するために制定		公共交通機関のバリアフリー化を促進するために制定

↓

2006年　バリアフリー法

公共交通機関や建築物などのバリアフリー化の推進
- 各施設の整備目標を設定すること
- 各施設のバリアフリー基準への適合
- 公共交通事業者などの職員に対する教育訓練の努力義務

地域における重点的・一体的なバリアフリー化の推進
- 重点整備地区に対して、重点的・一体的なバリアフリー事業を実施する
  - 駅やバスターミナルなどの旅客施設
  - 高齢者や障害者が利用する施設が多く集まる地区
- 市町村が作成するバリアフリー基本構想に基づいて事業を実施する

心のバリアフリーの推進
- 学校教育と連携
  - 車いすサポート体験
  - 視覚障害者サポート体験
  - 高齢者疑似体験

バリアフリー化の促進に関する国民の理解や協力を促進していく

14　バリアフリー法

15 認知症サポーター

認知症の人や家族を支える認知症サポーター

認知症サポーターは、認知症に対する正しい知識と理解をもち、地域で認知症の人やその家族に対してできる範囲で手助けする人です。高齢化により認知症の高齢者が増加し、家族や介護従事者だけで支えていくことが困難となり、2005（平成17）年より厚生労働省により認知症サポーターの養成が始まりました。認知症サポーターになるには、市町村や地域、職場、学校などで実施される「認知症サポーター養成講座」を受講することが必要です。認知症サポーター養成講座の企画・立案などを行う「**キャラバン・メイト**」が講師となって講座を実施します。講座内容の一例として、認知症の基礎知識、早期診断・治療の重要性、権利擁護、認知症の人への対応、家族の支援、サポーターとしてできることなどがあり、90分程度の研修を受講することになります。

認知症サポーターへの期待

認知症サポーターに期待されることとして、厚生労働省は「認知症に対して正しく理解し、偏見をもたない」「認知症の人や家族に対して温かい目で見守る」「近隣の認知症の人や家族に対して、自分なりにできる簡単なことから実践する」「地域でできることを探し、相互扶助・協力・連携、ネットワークをつくる」「まちづくりを担う地域のリーダーとして活躍する」の五つを挙げています。認知症サポーターの活動の一例として、認知症の人への見守りや傾聴、認知症の人と暮らす家族の話し相手、認知症の人との交流などがあります。また、2019（令和元）年度から、近隣の認知症サポーターがチームを組み、認知症の人や家族に対する生活面の早期からの支援などを行う取り組みとして「**チームオレンジ**」の活動が行われています。

認知症サポーター 図

認知症サポーターって何?
- 認知症に対する正しい知識をもち、地域で認知症の人やその家族に対して手助けをする人

どうしたらなれる?
- 認知症サポーター養成講座を受講すること
  → ・認知症の基礎知識　　・認知症の人への対応
  　　・早期診断・治療の重要性　・家族への支援
  　　・権利擁護　　　　　　・サポーターとしてできること
  　　などを学ぶ

どんな活動をする?

認知症の人の見守り・傾聴	家族の話し相手	認知症の人との交流

期待されていること

認知症に対して正しく理解し偏見をもたない	認知症の人や家族に対して温かい目で見守る	近隣の認知症の人や家族に対して、自分なりにできる簡単なことから実践する

地域でできることを探し、相互扶助・協力・連携、ネットワークをつくる	まちづくりを担う地域のリーダーとして活躍する

15 認知症サポーター　209

16 認知症カフェ

認知症の人やその家族を地域で支える認知症カフェ

認知症カフェは、認知症の人やその家族、地域住民、認知症の人にかかわる医療や福祉の専門職などが集まり、認知症について語り合い、相互に情報を共有し、お互いに理解し合う場所のことです。認知症カフェは、オランダの「アルツハイマーカフェ」を見本にして誕生しました。日本では、2012（平成24）年の**認知症施策推進5か年計画（オレンジプラン）**で初めて明記され、続く**認知症施策推進総合戦略（新オレンジプラン）**において、全市町村での実施を目指すことが示されました。そのなかで、認知症カフェが家族支援や、初期の認知症の人の支援の場となることを想定しています。

認知症は、違和感を覚えてもなかなか医療機関につながらないことや早期診断がなされても何も支援がない「空白の期間」があり、認知症カフェには、こうした初期の認知症の人の「空白の期間」を満たす役割も期待されています。

認知症カフェの目的と地域にもたらす成果

認知症カフェの目的は、認知症の人やその家族に居場所を提供することで、地域社会から孤立することを防止し、地域のすべての人が認知症の深い理解（学び）へつながる機会をつくることにあります。このような認知症カフェが地域にもたらす成果としては、「地域交流の拠点の創出」「認知症の理解・情報交換の促進」「認知症の早期支援体制構築」などが挙げられます。地域交流の拠点については、認知症カフェのほかにも、地域の人たちが集まれる居場所として「**コミュニティカフェ**」などがあります。コミュニティカフェは、明確な定義はありませんが、地域の人たちが集まり、交流を行う場所としての役割があります。

認知症カフェ・コミュニティカフェの内容　図

認知症カフェ

- 認知症の人やその家族、地域住民や医療福祉の専門職が集まる
- 認知症についての情報共有や相互理解のための場

認知症カフェがもたらす成果

① 地域交流の拠点

② 認知症の理解・情報交換

③ 認知症の早期支援体制の構築

地域の人が集まる場所

コミュニティカフェ

- 飲食店としてだけでなく、地域の人が集まり、交流を行える場としての役割を果たしているカフェのこと
  → 店内でコーヒーや食事と一緒に各種講座を楽しんだり、音楽演奏や絵画展を楽しんだりと、食やイベントを通して地域の輪を広げるきっかけとなるような活動を行っている

16 認知症カフェ　211

17 「通いの場」

▍地域の介護予防の拠点となる通いの場

　通いの場は、<u>地域の住民同士が気軽に集い、一緒に活動内容を企画し、ふれあいを通して「生きがいづくり」「仲間づくり」の輪を広げる場所であり、地域の介護予防の拠点となる場所</u>です。2014（平成26）年の介護保険法改正により、すべての市町村において**介護予防・日常生活支援総合事業（総合事業）**が実施されることになり、すべての高齢者を対象とする一般介護予防事業が位置づけられました。この一般介護予防において、誰でも参加できる住民主体の**「通いの場」**が重要とされたのです。通いの場は、高齢者の誰もが継続して介護予防に取り組むために、取り組みの効果を高齢者自身が実感でき、高齢者が容易に通える範囲（徒歩15分の範囲）に必要とされました。

▍通いの場はどのように取り組まれているのか

　通いの場は、<u>市町村などの行政の主導ではなく、地域の住民が主体</u>となって進められます。そのため、住民以外が運営を行う場合でも、住民が主体的に取り組めるようにしてく必要があります。

　その活動内容は、さまざまであり、体操や運動をはじめ、料理教室やゲートボールといった趣味活動、耕作放棄地を活用した農業体験、スマホ教室などの生涯学習、子ども食堂と連携した多世代交流など、地域の特色を生かした多様な取り組みが行われています。また、趣味活動や体操だけでなく、専門職による栄養相談や口腔機能に関する教室なども行われています。通いの場の活動場所は、公民館や公園をはじめとして、農園、喫茶店、学校、店舗の空きスペースなども活用されています。近年では、スマートフォンからも参加できる**「オンライン通いの場」**アプリなどもあります。

通いの場の内容と活動　図

通いの場

- 2014年 介護予防・日常生活支援総合事業が開始（➡P.112）
  そのなかで、一般介護予防事業が位置づけられる

社会とのつながり
ボランティア、茶話会、
就労的活動、多世代交流など

運動機能のアップ
体操など

認知機能の低下を予防
多様な学びのプログラム

住民主体の通いの場

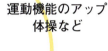

食生活の見直し
会食、栄養指導など

口腔機能の向上
教室など

通いの場での活動

運営	場所	活動
有志・ボランティア 自治会・NPO法人 行政（介護予防担当部局） 行政（その他の部局） 民間企業 医療機関 介護関係施設　　　など	公民館 公園 農園 喫茶店 学校 店舗の空きスペース オンライン　　　など	趣味活動 多世代交流 栄養相談 体操 生涯学習（スマホ教室など） 認知症予防 ボランティア活動　　　など

運営 × 場所 × 活動

17「通いの場」

18 在宅生活を支える医療
（在支診・在支病等）

▶ 高齢者の在宅医療を積極的に担う機関

　高齢化が進展し、地域には医療と介護の両方のニーズを有する高齢者が多くなっています。そのため、在宅医療と介護の連携が求められており、**在宅医療において積極的役割を担う機関として、在宅療養支援診療所（在支診）と在宅療養支援病院（在支病）があります**。在支診は、病気や障害などにより通院が困難な人に対して24時間体制で往診や訪問看護を実施する診療所で、2006（平成18）年度の診療報酬改定で新設されました。在支病は、在支診と同様の機能をもつ病院ですが、200床未満の病院で半径4km以内に診療所が存在しないことが要件となっており、2008（平成20）年度の診療報酬改定で新設されました。また、2012（平成24）年度の診療報酬改定では、常勤の医師が3名以上いるなどの基準をクリアし、緊急の往診や看取りの実績がある在支診や在支病を機能が充実している**「機能強化型」**としました。

▶ 薬の管理や相談に応じてくれるかかりつけ薬剤師・薬局

　高齢になるとさまざまな病気を抱え、受診する病院が多くなります。受診病院の増加は、病院ごとに異なる薬局でいろいろな種類の薬を処方されることにつながります。そのために、薬の効果や飲み合わせのよしあしを理解せずに服薬することが増え、その結果、薬効がきちんと得られなかったり、副作用が出てしまったりすることがあります。こうした状況を改善するため、**一人ひとりの薬を一元的に管理し、服薬状況を把握して、薬の飲み合わせや副作用について指導する「かかりつけ薬剤師・薬局」**の制度が、2016年（平成28）年度に新設されました。かかりつけ薬剤師の手続きは、かかりつけ薬剤師の要件を満たした薬剤師がいる保険薬局において行います。

在宅生活を支える医療体制 図

在宅生活を支える医療

在宅療養支援診療所（在支診）
- 2006年に新設
- 病気や障害により通院が困難な人に対して、24時間体制で往診や訪問看護を実施する診療所

在宅療養支援病院（在支病）
- 2008年に新設
- 機能は在支診と同様
- 200床未満の病院で、半径4km以内に診療所が存在しないことが要件

機能強化型在支診・在支病
- 常勤の医師が3名以上
- 緊急の往診・看取りの実績がある

機能

かかりつけ薬局

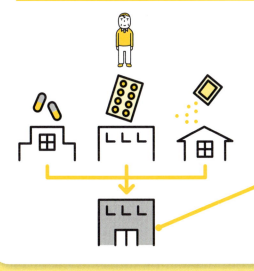

- 受診病院の増加に伴い、薬の種類も増加
  →薬効が得られない
  　副作用が出る
  　などのリスクがある

かかりつけ薬局
一人ひとりの薬を一軒の薬局で管理
→服薬状況を把握して薬の副作用や飲み合わせについて指導する

18 在宅生活を支える医療（在支診・在支病等）

19 災害時の対応

▶ 災害対策基本法による要配慮者や避難行動要支援者の対応

　高齢者への災害時の対応として、日本の災害対策を網羅的にカバーする**災害対策基本法**では、高齢者、障害者、子どもなど災害時に何らかの事情で配慮や支援が必要な人を「**要配慮者**」としています。そして、2011（平成23）年の東日本大震災では、避難所に避難できなかった要配慮者が多くいたことから、2013（平成25）年に法改正され、要配慮者のなかでも、自ら避難することが困難で避難の際に支援が必要な人を「**避難行動要支援者**」とし、対象者の情報を集約した「**避難行動要支援者名簿**」の作成を市町村に義務づけました。名簿の作成は、市町村において普及が進みましたが、いまだに災害により多くの高齢者や障害者が被害を受けていることから、2021（令和3）年に改正され、避難行動要支援者ごとの「**個別避難計画**」の作成が市町村の努力義務となりました。

▶ 求められるBCPの作成

　災害時においても、医療や介護サービスは、利用者やその家族の生活を支える上で欠かせないものであり、災害時に適切な対応を行い、利用者に必要なサービスを継続的に提供できる体制を構築することが求められています。2024（令和6）年4月からは、介護保険施設やサービス事業者に対して「BCP」の策定が義務づけられました。
　BCPとは、Business Continuity Plan の略称で「**業務継続計画**」と訳されます。BCPは、「平常時の対応」と「緊急時の対応」の検討を通して、災害時の事業活動レベルの落ち込みを小さくし、復旧に要する時間を短くすることを目的に作成される計画書です。事前に被害の拡大防止策や限られた経営資源のなかでの事業継続のあり方を計画書として整理・検証しておきます。

災害時の対応 図

災害対策基本法

要配慮者

災害時になんらかの配慮が必要な人
（高齢者・障害者・子どもなど）

避難行動要支援者

要配慮者のなかでも、自ら避難することが困難で支援が必要な人

- 2013年　避難行動要支援者名簿の作成が市町村に義務づけられる
  →2011年の東日本大震災で、避難できなかった要配慮者が多くいたことから
- 2021年　避難行動要支援者ごとの個別避難計画の作成が、市町村の努力義務となる

BCPの作成

BCP（Business Continuity Plan）＝業務継続計画

- 平常時の対応と緊急時の対応とを検討
  →災害時でも通常に近い運営をすることを目的に作成される計画

どんなリスクがあってどの程度のダメージを受けることが予想されるか

↓

リスクとそのダメージを整理する

事前に対策できることに取り組む	緊急事態発生時の対応を決めておく
リスクを回避したり、ダメージを最小化したりするために、ふだんから取り組んでおくべきことは何か	実際に緊急事態が発生したときに、ダメージを最小化するためにどのような行動をとるのか

19　災害時の対応　217

第 6 章参考文献

- 厚生労働省「成年後見はやわかり」
- 全国社会福祉協議会「あなたのくらしのあんしんのために日常生活自立支援事業」
- 東京弁護士会「死後事務委任の基本と実務」
- 厚生労働省「障害者総合支援法について」
- 厚生労働省「障害福祉サービスの利用について」
- 厚生労働省「生活困窮者自立支援制度の事業内容」
- 厚生労働省「生活困窮者自立支援法について」
- 厚生労働省「生活困窮者自立支援制度等の推進について」
- 厚生労働省「生活福祉資金制度の制度概要」
- 厚生労働省「生活保護制度」
- 厚生労働省「民生委員・児童委員について」
- 全国民生委員児童委員連合会「民生委員・児童委員の活動例」
- 国土交通省「住宅セーフティネット制度について－制度の概要」
- 環境省「高齢者ごみ出し支援制度導入の手引き」
- 国民生活センター「消費生活センターについて知ろう！」
- 消費者庁「消費生活センターと福祉関係者との連携」
- 消費者庁「消費生活相談員」
- 厚生労働省「高年齢者雇用安定法改正の概要」
- 国土交通省「バリアフリー法の概要について」
- 総務省「バリアフリーとユニバーサルデザイン」
- 厚生労働省「認知症サポーターとは」
- 厚生労働省「認知症サポーター等養成事業実施要綱」
- 厚生労働省「よくわかる！地域が広がる認知症カフェ」
- 厚生労働省「地域がいきいき　集まろう！通いの場」
- 日本医師会「在宅療養支援診療所・在宅療養支援病院の施設基準」
- 日本薬剤師会「かかりつけ薬剤師・薬局とは？」
- 内閣府「避難行動要支援者の避難行動支援に関する取組指針の概要」
- 厚生労働省老健局「介護施設・事業所における自然災害発生時の業務継続ガイドライン」

索引

あ

アセスメント……………………136, 138
意思決定支援………………………180
遺族年金………………………………202
一時生活支援事業…………………188
一般介護予防事業………………112, 116
医療扶助………………………………192
医療法……………………………………48
医療保険………………………………150
上乗せサービス………………………72
応能負担……………………………21, 186

か

介護医療院……………………………62, 104
介護給付………………………………72, 80
介護給付費交付金…………………128
介護給付費適正化事業…………122
外国人介護人材………………………40
介護サービス…………………………22
介護サービス情報公表制度……156
介護支援専門員（ケアマネジャー）……78, 130
介護人材不足…………………………40
介護認定審査会……………………134
介護の社会化…………………………20
介護扶助………………………………154, 192
介護報酬………………………………148
介護保険サービス…………………74
介護保険審査会……………………158
介護保険制度………20, 22, 38, 58, 62, 68, 126
介護保険被保険者証………………126
介護保険負担割合証………………144
介護保険法………………………………2, 22
介護保険料……………………………66, 128
介護予防…………………………22, 38, 140
介護予防・日常生活支援総合事業（総合事業）
…………………………74, 112, 140, 212
介護療養型医療施設………………104
介護老人福祉施設…………………100
介護老人保健施設…………………102
介護ロボット…………………………42
科学的介護情報システム（LIFE）……42
かかりつけ薬剤師・薬局………165, 214
家計改善支援事業…………………188
家族介護支援事業…………………122
課題分析標準項目…………………136
通いの場………………………………212
看護小規模多機能型居宅介護……106
技能実習制度…………………………40
教育支援資金…………………………190
教育扶助………………………………192
共生型サービス………32, 62, 98, 152
業務継続計画（BCP）………………216
居住支援協議会……………………196
居宅介護支援事業所………………130
居宅介護住宅改修費…………………96
居宅サービス…………………80, 130
居宅療養管理指導……………………84
金銭給付………………………………192
区分変更申請…………………………76
グループホーム……………………110
ケアハウス……………………………92
ケアプラン………………………78, 130
ケアマネジメント………………136, 138
経済連携協定（EPA）………………40
軽費老人ホーム………………14, 46, 92
現物給付………………………………192
権利擁護業務………………………118
広域連合………………………………68
高額医療・高額介護合算療養費制度……146
高額介護サービス費………………146
後期高齢者医療制度（長寿医療制度）……50
後見……………………………………180
更新申請………………………………76
厚生年金………………………………202

219

公的年金・恩給‥‥‥‥‥‥‥‥‥‥‥‥‥ 8
公的年金制度‥‥‥‥‥‥‥‥‥‥‥‥‥ 202
高年齢者雇用確保措置‥‥‥‥‥‥‥‥‥ 204
高年齢者雇用安定法(高年齢者等の雇用の安定
　　等に関する法律)‥‥‥‥‥‥‥‥‥ 204
高年齢者就業確保措置‥‥‥‥‥‥‥‥‥ 204
高齢者医療確保法(高齢者の医療の確保に関す
　　る法律)‥‥‥‥‥‥‥‥‥‥‥‥‥ 50
高齢者虐待防止法(高齢者虐待の防止、高齢者の
　　養護者に対する支援等に関する法律)‥ 2, 54
高齢者人口‥‥‥‥‥‥‥‥‥‥‥‥‥ 2, 36
高齢者住まい法(高齢者の居住の安定確保に関
　　する法律)‥‥‥‥‥‥‥‥‥‥‥‥ 52
高齢者の身体的特徴‥‥‥‥‥‥‥‥‥‥ 4
高齢者の心理的特徴‥‥‥‥‥‥‥‥‥‥ 6
高齢者の定義‥‥‥‥‥‥‥‥‥‥‥‥‥ 2
ゴールドプラン(高齢者保健福祉推進十か年戦
　　略)‥‥‥‥‥‥‥‥‥‥‥‥‥‥ 18
ゴールドプラン21(今後5か年間の高齢者保健
　　福祉施策の方向)‥‥‥‥‥‥‥‥‥ 22
国民健康保険団体連合会‥‥‥‥‥ 148, 158
国民健康保険法‥‥‥‥‥‥‥‥‥‥‥ 14
国民生活センター‥‥‥‥‥‥‥‥‥‥ 200
国民年金‥‥‥‥‥‥‥‥‥‥‥‥‥‥ 202
国民年金法‥‥‥‥‥‥‥‥‥‥‥‥‥ 14
個別介護計画‥‥‥‥‥‥‥‥‥‥‥‥ 142
個別避難計画‥‥‥‥‥‥‥‥‥‥‥‥ 216
ごみ出し支援事業‥‥‥‥‥‥‥‥‥‥ 198
コミュニティカフェ‥‥‥‥‥‥‥‥‥ 210

さ

サービス担当者会議‥‥‥‥‥‥‥ 136, 138
サービス付き高齢者向け住宅(サ高住)‥ 52, 92
災害対策基本法‥‥‥‥‥‥‥‥‥‥‥ 216
財源‥‥‥‥‥‥‥‥‥‥‥‥‥‥‥‥ 66
財源不足‥‥‥‥‥‥‥‥‥‥‥‥‥‥ 38
財産管理‥‥‥‥‥‥‥‥‥‥‥‥‥‥ 180
在宅医療・介護連携推進事業‥‥‥‥‥ 120
在宅療養支援診療所(在支診)‥‥‥‥‥ 214

在宅療養支援病院(在支病)‥‥‥‥‥‥ 214
在留資格「介護」の付与‥‥‥‥‥‥‥‥ 40
サ高住(サービス付き高齢者向け住宅)‥ 52, 92
支給限度額‥‥‥‥‥‥‥‥‥‥‥ 76, 144
死後事務委任契約‥‥‥‥‥‥‥‥‥‥ 184
施設サービス‥‥‥‥‥‥‥‥‥‥‥‥ 80
市町村特別給付‥‥‥‥‥‥‥‥‥‥‥ 72
児童委員‥‥‥‥‥‥‥‥‥‥‥‥‥‥ 194
社会的入院‥‥‥‥‥‥‥‥‥‥‥‥‥ 16
社会的フレイル‥‥‥‥‥‥‥‥‥‥‥ 173
社会福祉施設緊急整備5か年計画‥‥‥‥ 16
社会保険方式‥‥‥‥‥‥‥‥‥‥‥‥ 22
社会保障と税の一体改革‥‥‥‥‥‥‥ 62
住居確保給付金‥‥‥‥‥‥‥‥‥‥‥ 188
住所地特例‥‥‥‥‥‥‥‥‥‥‥‥‥ 70
重層的支援体制整備事業‥‥‥‥ 28, 64, 177
住宅改修‥‥‥‥‥‥‥‥‥‥‥‥‥‥ 96
住宅確保要配慮者‥‥‥‥‥‥‥‥‥‥ 196
住宅扶助‥‥‥‥‥‥‥‥‥‥‥‥‥‥ 192
重要事項説明書‥‥‥‥‥‥‥‥‥‥‥ 142
就労訓練事業(中間的就労)‥‥‥‥‥‥ 188
就労準備支援事業‥‥‥‥‥‥‥‥‥‥ 188
16の特定疾病‥‥‥‥‥‥‥‥‥‥ 70, 126
出産扶助‥‥‥‥‥‥‥‥‥‥‥‥‥‥ 192
受領委任払い‥‥‥‥‥‥‥‥‥‥‥ 94, 96
障害支援区分‥‥‥‥‥‥‥‥‥‥‥‥ 186
障害者総合支援制度‥‥‥‥‥‥‥‥‥ 186
障害者総合支援法‥‥‥‥‥‥‥‥‥‥ 152
障害年金‥‥‥‥‥‥‥‥‥‥‥‥‥‥ 202
償還払い‥‥‥‥‥‥‥‥‥‥‥ 94, 96, 134
小規模多機能型居宅介護‥‥‥‥‥‥‥ 106
少子高齢化‥‥‥‥‥‥‥‥‥‥‥‥‥ 34
消費生活センター‥‥‥‥‥‥‥‥‥‥ 200
情報通信技術(ICT)‥‥‥‥‥‥‥‥‥ 42
ショートステイ‥‥‥‥‥‥‥‥‥‥‥ 90
自立支援給付‥‥‥‥‥‥‥‥‥‥‥‥ 186
自立相談支援事業‥‥‥‥‥‥‥‥‥‥ 188
シルバー人材センター‥‥‥‥‥‥‥‥ 204
新規申請‥‥‥‥‥‥‥‥‥‥‥‥‥‥ 76

新高額障害福祉サービス等給付費 …………152	地域包括ケアシステム ……………24, 60, 62
人口動態 ………………………………… 36	地域包括支援センター …………………118, 130
新ゴールドプラン（新・高齢者保健福祉推進十か年戦略） …………………………… 18	地域密着型サービス ……………………… 80
身上保護 …………………………………180	長寿社会対策大綱 ………………………… 18
身体介護 ………………………………… 82	通院等乗降介助 ………………………… 82
身体的フレイル …………………………173	通所介護 ………………………………… 88
ストレングス ……………………………169	通所型サービス …………………………114
生活援助 ………………………………… 82	通所リハビリテーション ……………… 86
生活困窮者自立支援制度 ………………188	定期巡回・随時対応型訪問介護看護 ……108, 176
生活支援体制整備事業 …………………120	デイケア ………………………………… 86
生活福祉資金貸付制度 …………………190	デイサービス ……………………………18, 88
生活扶助 ……………………………154, 192	特定技能の在留資格 …………………… 40
生活保護制度 ……………………………192	特定施設入居者生活介護 ……………… 92
生活保護法 ………………………………154	特定入所者介護サービス費（補足給付）……146
生業扶助 …………………………………192	特定福祉用具販売 ……………………… 94
成年後見制度 ……………………………180	特別徴収 …………………………………128
セーフティネット ………………………188	特別養護老人ホーム …………………… 46
全世代型社会保障 ……………………… 64	特例入所 …………………………………100
総合支援資金 ……………………………190	
総合相談支援業務 ………………………118	**な**
葬祭扶助 …………………………………192	2040年問題 ……………………………… 34
総報酬割 …………………………………128	日常生活自立支援事業 …………………177, 182
措置制度 ………………………………… 20	日常的金銭管理サービス ………………182
	任意後見制度 ……………………………180
た	任意事業 …………………………………122
第1号介護予防支援業務 ………………118	認知症カフェ ……………………………165, 210
第1号被保険者（介護保険）………70, 126, 128	認知症基本法 …………………………… 26
第1号被保険者（公的年金）……………202	認知症サポーター ………………………162, 208
第3号被保険者（公的年金）……………202	認知症施策推進5か年計画 ……………26, 210
第2号被保険者（介護保険）………70, 126, 128	認知症施策推進総合戦略 ………………26, 210
第2号被保険者（公的年金）……………202	認知症施策推進大綱 …………………… 26
多機関協働事業 …………………………178	認知症総合支援事業 ……………………120
ダブルケア ……………………………… 30	認知症対応型共同生活介護・通所介護 ……110
短期入所生活介護 ……………………… 90	認定調査員 ………………………………132
地域共生社会 ……………………………28, 64	
地域ケア会議推進事業 …………………120	**は**
地域支援事業 …………………………… 72	パーソン・センタード・ケア ……………165
地域生活支援事業 ………………………186	8050問題 ………………………………32, 177

バリアフリー法	206
避難行動要支援者	216
被保険者	70
費用負担の公平化	62
複合型サービス	106
福祉資金	190
福祉用具専門相談員	94
福祉用具貸与	94
扶助	192
普通徴収	128
不動産担保型生活資金	190
プランニング	136, 138
フレイル	173
包括的支援事業	118
包括的相談支援事業	178
法定後見制度	180
訪問介護	82
訪問型サービス	114
訪問看護	84
訪問看護サービス	108, 177
訪問入浴介護	82
訪問リハビリテーション	86
ホームヘルプ	82
保険給付	72, 80
保険者	68
保佐	180
補助	180

ま

マッチング・入居支援	196
みなし2号	154
民生委員	194
モニタリング	136, 138, 169

や

夜間対応型訪問介護	108
ヤングケアラー	30
有料老人ホーム	92

要介護（要支援）認定	76, 132
要介護状態区分（要介護度）	76
養護老人ホーム	14, 46, 92
要支援状態区分（要支援度）	76
要配慮者	216
養老施設	14
横出しサービス	72
予防給付	72, 80

ら

利用者負担	66
利用者負担額軽減制度	146
療養通所介護	88
老人医療費支給制度	16
老人家庭奉仕員	14
老人居宅生活支援事業	46
老人クラブ	14
老人短期入所施設	46
老人デイサービスセンター	46
老人福祉施設	46
老人福祉センター	46
老人福祉法	14, 46
老人保健施設	16
老人保健法	16
老齢年金	202
65歳の壁	32

欧文

BCP	216
EPA	40
ICT	42
LIFE	42

著者紹介

[著者]

小林 哲也（こばやし・てつや）

静岡福祉大学社会福祉学部福祉心理学科・准教授

立教大学大学院コミュニティ福祉学研究科博士後期課程単位取得後満期退学。修士（社会福祉学：明治学院大学）。特別養護老人ホーム至誠ホーム介護職員として勤務し、2007年から立教大学コミュニティ福祉学部福祉学科助手、2011年から大妻女子大学人間関係学部人間福祉学科助教を経て、2016年から静岡福祉大学社会福祉学部健康福祉学科、2019年より同学部福祉心理学科に転科し、現職。専門は、介護保険制度。介護保険制度の都道府県や市町村の要介護認定率の差に着目し、その差が起こる要因などについて研究を行っている。主な著書（共著）に、「最新介護福祉士養成講座2 社会の理解」「介護福祉士実務者研修テキスト第1巻 人間と社会」（ともに中央法規出版）、「新 わかる・みえる社会保障論」（みらい）、「入門社会保障」「入門高齢者福祉」（ともにミネルヴァ書房）などがある。

[編集協力・図解案作成]

望月 汐里（もちづき・しおり）

グラフィックレコーダー

実践女子大学生活科学部食生活科学科卒業。栄養士・介護福祉士。有料老人ホームでの勤務を5年経験後、イラスト通訳®アカデミアにて、組織のコミュニケーションのためのイラスト図解・グラフィックレコード・ファシリテーション・ビジネススキルを学び、現職。主にビジネス図解と書籍の図解を得意とする。現在は福祉・医療・健康の分野において、難解な内容を柔らかいイラストや図解で可視化し、共感や理解の幅を広げるための活動をしている。全国若年性認知症フォーラムでの内容まとめ、中央法規出版『おはよう21』でのグラフィックレコード等を担当。

図解でわかる介護保険サービス

2024年 9 月10日　発行

著　者	小林哲也
発行者	荘村明彦
発行所	中央法規出版株式会社
	〒110-0016　東京都台東区台東3-29-1　中央法規ビル
	Tel 03（6387）3196
	https://www.chuohoki.co.jp/

印刷・製本	日経印刷株式会社
装幀デザイン	二ノ宮匡（ニクスインク）
本文・DTP	日経印刷株式会社
イラスト	大野文彰

定価はカバーに表示してあります。
ISBN 978-4-8243-0105-5
本書のコピー、スキャン、デジタル化等の無断複製は、著作権法上での例外を除き禁じられています。また、本書を代行業者等の第三者に依頼してコピー、スキャン、デジタル化することは、たとえ個人や家庭内での利用であっても著作権法違反です。
落丁本・乱丁本はお取り替えいたします。
本書の内容に関するご質問については、下記 URL から「お問い合わせフォーム」にご入力いただきますようお願いいたします。
https://www.chuohoki.co.jp/contact/

A105